Verena Kast · Paare

Unseren Beziehungen
liegt immer eine Beziehungsphantasie zugrunde.
Diese Beziehungsphantasien sind dann am lebendigsten,
wenn wir verliebt sind;
dann sind wir gepackt von diesen Phantasien,
gestalten sie, leben in ihnen.
Meine These ist:
In meiner Beziehungsphantasie gestalte ich ein Paar,
dessen einer Aspekt nicht einfach aus meinem Ich besteht,
sondern ich phantasiere eine mir Ganzheit verheißende,
beglückende, anregende Verbindung von Mann und Frau,
ausgelöst durch einen Partner oder eine Partnerin:
In der Phantasie zeigt sich nicht nur,
was dieser Partner etwa für mich sein könnte,
was ich in ihm sehe,
sondern auch meine Vorstellung davon,
was er oder sie aus mir herausliebt,
welche besten oder schlechtesten Züge er oder sie
in mir belebt.

Verena Kast

Paare

Beziehungsphantasien
oder
wie Götter sich in Menschen spiegeln

Kreuz

Denen, die mich zu Beziehungsphantasien anregen

Neu gestaltete Ausgabe des erstmals 1984
im Kreuz Verlag erschienen Buches.

17 18 19 20 05 04 03 02

Ein Unternehmen der Verlagsgruppe Dornier
Postfach 80 06 69, 70506 Stuttgart, Tel: 0711/788030
Sie erreichen uns rund um die Uhr unter
www.kreuzverlag.de
Umschlaggestaltung: Atelier Jürgen Reichert, Stuttgart
Umschlagbild: Gustav Klimt, der Kuss, Ausschnitt
Österreichische Galerie, Wien
Druck und Bindung: Kösel, Kempten
ISBN 3 7831 2124 8

Inhalt

Vorwort

In Beziehungsphantasien, die wir vor allem in Zeiten großer Verliebtheit pflegen und auskosten, wird der Partner idealisiert, idealisieren wir aber auch die Seiten in uns, die der Partner anspricht. Diese Idealisierung entspricht dem Wesen der Liebe. Sie bewirkt, daß unsere besten Möglichkeiten entbunden werden und wir uns über unser Gewordensein hinaus verändern können. Solche Phantasien liegen jeder Beziehung zugrunde, auch wenn sie uns nicht bewußt werden.

In meiner Arbeit mit Trauernden fällt mir immer wieder auf, daß die Menschen leichter in den Verlust einwilligen können, die recht klar wissen, welche Phantasien sie mit dem verstorbenen Partner in der Zeit ihrer lebendigsten Beziehung verbunden haben, die aber auch sehen, welche Aspekte ihrer Persönlichkeit dieser Partner in ihnen bevorzugt erkannt und damit auch zum Leben verleitet hat. Sie fühlen sich nicht nur beraubt, sie spüren ausdrücklich, was der Partner in ihnen belebt hat und was ihnen auch durch seinen Tod nicht genommen werden kann.

Oft ist es gerade der entscheidende Schritt in der Trauerarbeit, diese Beziehungsphantasien, die sich natürlich im Laufe eines Lebens wandeln, freizulegen, damit die Bedeutung der Beziehung für den eigenen Entwicklungsprozeß und das eigene Leben sichtbar wird.

Diesen idealisierenden Beziehungsphantasien liegen die mythologischen Bilder der heiligen Hochzeit zugrunde, wie sie Shiva und Shakti, Ishtar und Tammuz, Zeus und Hera miteinander feiern, in der die Vereinigung von Himmel und Erde dargestellt wird, um den Ursprung allen Lebens zu bewirken und die Fruchtbarkeit des Lebens zu erhalten.

Ausgehend von den Mythen der heiligen Hochzeit möchte ich zeigen, wie menschliche Beziehungen, dargestellt in Beziehungsgeschichten, in Träumen, in der Phantasie, in der Literatur, diese Götter-Paare spiegeln.

Ich möchte in diesem Buch dazu anregen, die Beziehungsphantasien und ihre große Bedeutung innerhalb der Partnerschaft, aber auch intrapsychisch wahrzunehmen, und möchte zeigen, daß sie in jedem Partner archetypisch Weibliches und archetypisch Männliches in einer besonderen Verbindung wecken und damit das Gefühl der Ganzheit, aber auch das Gefühl der Lebendigkeit und der Schöpfungswonne.

In Beziehungsphantasien scheinen sich »Anima« und »Animus« in ihrer Verbundenheit miteinander auszudrücken. Meinen Ausführungen ist ein längerer Prozeß der Auseinandersetzung mit den Begriffen Animus und Anima von C. G. Jung vorangegangen. Diesen Prozeß habe ich im letzten Kapitel dargestellt. Das vorliegende Buch ist auf dem Hintergrund meiner Sicht von Anima und Animus geschrieben, ohne daß ich die Begriffe im Text verwende.

Es geht mir darum, den göttlichen Paaren in der Seele des Menschen nachzuspüren und zu zeigen, welche Bedeutung sie für unsere Beziehungen und für unsere eigene Entwicklung haben.

Besonders wichtig ist mir dabei, den Wandel der Beziehungsphantasien in seiner Problematik und in seiner Fruchtbarkeit für das gelebte Leben zu bedenken, da Beziehungsphantasien unseren tiefsten Sehnsüchten entsprechen, die, wenn wir sie nicht wahrnehmen, sich als Vorwürfe an den Partner äußern.

Allen denen, die an den Ideen dieses Buches mitgedacht und mitphantasiert haben, möchte ich danken, vor allem auch denen, die mir erlaubt haben, einen Teil ihrer Geschichte, ihre Träume und ihre Phantasien in diesem Buch zu verwenden. Mein besonderer Dank gilt Hildegunde Wöller, die dieses Buch mit angeregt und liebevoll-aufmerksam lektoriert hat.

Beziehungsphantasien und Götterpaare

Denn das Leben ist die Liebe,
und des Lebens Leben Geist.

Suleika

An der Fähre zum anderen Ufer

Die Bilderfolge eines Traumes kann gleich zu Beginn eine Vorstellung davon geben, wie eine Beziehungsphantasie aussehen kann:

»Ich verließ unsere bergige Landschaft und wanderte hinaus, einen Fluß entlang. Ich fühlte mich allein und auch frei, aber das Gefühl der Heimatlosigkeit überwog das Gefühl der Freiheit. Ich schaute mich immer wieder um, ob ich denn nicht wenigstens einen vertrauten Menschen sehen könnte. Ich kannte niemanden. Es waren aber Männer da, die ich fürchtete, weil sie so brutal wirkten, und es waren überhaupt Menschen da, die alle in sich gekehrt wirkten, von mir keine Notiz nahmen. Langsam wurde mir klar, daß ich nicht bedroht war, außer davon, daß mich niemand zur Kenntnis nahm . . .

Dort, wo sonst eine Brücke über den Fluß führte, war – wie wohl in alten Zeiten – eine Fährfrau. Bei ihr war ein junger Mann. Die beiden schienen sich sehr zu lieben, ohne daß das durch Gesten zum Ausdruck gebracht wurde. Es war einfach sichtbar. Er war jung – irgendwie auch alt – und wirkte wie ein junger Mann, dem immer wieder etwas einfällt. Sie war wunderschön, fremdländisch, sehr behutsam und ganz konzentriert auf ihre Arbeit. Die beiden waren überhaupt sehr konzentriert auf ihre Arbeit.

Mich packte eine ungeheure Sehnsucht, zu ihnen zu gehören, von ihnen akzeptiert zu sein. Solange ich auf dem Schiff blieb, war ich in ihrer Atmosphäre, fühlte diese Geschlossenheit und dieses Zusammengehören der beiden, und dieses gemeinsame Sich-einer-Sache-Hingeben.

Langsam erwachte ich, aber ich versuchte, das Erwachen noch hinauszuzögern. Eine tiefe Trauer erfaßte mich: Die beiden würden auch getrennt werden, sie würden auch keine Einheit bleiben können. Und dann gelang es mir wieder, die Atmosphäre dieses Einsseins zurückzuholen . . . Die beiden wirkten nicht wie Menschen, sie wirkten wie menschgewordene Götter . . .«

Dieser Traum wurde von einem achtundzwanzigjährigen Mann geträumt, der am Abend zuvor eine Frau kennengelernt hatte, die ihn sehr faszinierte. Er hatte einen Teil der Nacht damit zugebracht, Beziehungsphantasien mit dieser Frau zu gestalten: Er stellte sich vor, wie er sie das nächste Mal treffen, was er ihr sagen wollte. Er stellte sie sich auch visuell vor, versuchte, ihr Bild aus dem Gedächtnis zurückzuholen. Er sah sich mit ihr in verschiedenen Situationen als Paar, versuchte, sich Gespräche zwischen ihnen auszudenken, erfand Kosenamen für sie und dachte sich auch aus, welche Kosenamen sie für ihn erfinden könnte . . . Als er dann doch endlich schlief, hatte er den geschilderten Traum, der ihn tief bewegte und beschäftigte. Ganz besonders berührt war er von diesem Paar, das ihm so göttlich – und doch auch menschlich – vorkam. Was ihn aber besonders faszinierte, waren nicht nur die einzelnen Gestalten, die ihm beim Erwachen visuell gar nicht sehr präsent waren, sondern vielmehr das Zusammenspiel der beiden. Das kommt schon in seiner Beschreibung zum Ausdruck. Die »Einheit«, das »Einssein« der beiden, wie sie »gemeinsam sich einer Sache hingeben«, das sind die Worte, die er hervorhebt, als er das Traumerlebnis beschreibt. In seinen Assoziationen sagt er immer wieder: »Ich hatte ein Gefühl von Ganzsein, deshalb wollte ich auch nicht erwachen, das ist ›Ganzheit‹, und das ist auch ›Geheimnis‹. Dieses Paar bedeutet für mich ein faszinierendes Geheimnis, es hat die Möglichkeit, mir etwas ganz Neues in meinem Leben zu zeigen; ich kann etwas Neues erfahren, das geht weit über das hinaus, was ich bis jetzt erlebt habe.«

Daß er mit dem Paar etwas ganz Neues erfahren kann, ist in dem Bild der Überfahrt über den Fluß, zu einem neuen Ufer, bereits ausgedrückt. Ebensosehr ist aber im emotionellen Fasziniertsein durch dieses Paar – das ihn dazu bringt zu sagen, es seien Götter, zu den Menschen herabgestiegen – eine Qualität des Transzendierens, des Überschreitens der alltäglichen Lebensqualität angedeutet.

Das Paar erinnert ihn nicht an seine Phantasien, die er während der Nacht, bevor er den Traum träumte, ausgesponnen hatte: Die Fährfrau habe der Frau, die ihn am Tag zuvor so fasziniert hatte, nicht geglichen, wenigstens könne er das nicht behaupten. Er würde schon gerne wie der junge Mann in dem Traum sein, der auch weise gewesen sei und auf ihn den Eindruck gemacht habe, als ob ihm in jeder Situation etwas einfalle. Aber er sei nicht etwa so ein überaus tüchtiger Typ gewesen, wie man ihn im Alltag oft treffe, eher ein meditativer, aber auch ein pfiffiger Mann, einfach ein sehr lebendiger.

So lebendig fühle er sich auch, seit er diese Frau kenne, und so, wie die beiden miteinander sich auf ihre Aufgabe konzentriert hätten, so wolle auch er eine Beziehung leben können, das sei sein Ideal. Aber die beiden im Traum seien so ganz und gar außergewöhnliche Menschen gewesen, wenn man sie überhaupt als Menschen bezeichnen könne, und er selbst sei doch nicht so außergewöhnlich, sie stellten wohl wieder eines seiner hohen Ideale dar.

Auch beschäftigte den Träumer sehr, daß er im Traum aus einer Gegend wegging, die ihm vertraut war, in der er sich »beheimatet« fühlte. Die aufbrechende Liebe wird im Traum auch als das Verlassen der Landschaft seiner Jugend dargestellt. Der Traum zeigt weiter, wie sehr er sich zunächst allein fühlt, wie dieser Aufbruch nicht nur Freiheit bringt, sondern auch Ungeborgenheit, daß er mit Angst verbunden ist, vor allem auch mit der Angst, in der neuen Umgebung nicht mehr genug beachtet zu werden. Diese Traumszenen können natürlich auch so verstanden werden, daß alle Personen, die im Traum auftreten, als Persönlichkeitsanteile des Träumers aufgefaßt werden: daß also die brutalen Männer – oder die vermeintlich brutalen Männer – brutale männliche Aspekte von ihm selbst wären, die in dieser Situation der Unsicherheit, die der Aufbruch bedeutet, sich zeigen. Er hat beispielsweise Angst, in einer sehr ausgesetzten Situation auch brutal werden zu können. Aber er bleibt in dem Traum nicht beim ängstigenden Aspekt stehen: Er folgt im Traum einem Fluß, den er sehr gut kennt und bei dem er auch weiß, wo sich die Brücken befinden. Doch als er an die Stelle des Flusses kommt, wo man ihn überqueren kann, gibt es hier – im Unterschied zur Realität – keine Brücke mehr. Der Heimatfluß hat sich verändert. Statt der Brücken gibt es ein »Fährpaar«. Dieses Paar setzt ihn ans andere Ufer über – zu neuen Möglichkeiten.

Dieser Traum ist wohl ausgelöst durch die Verliebtheit, die am Vortag in ihm aufgebrochen war, und durch die lebhaften Phantasien, die sich daran anschließend entwickelt haben: Seine Phantasien sind typisch für den Zustand des Verliebtseins, in diesem Zustand sind sie wohl auch am lebendigsten, am farbigsten, der Verliebte ist schöpferisch. Aber nicht nur im Zustand des Verliebtseins haben wir Beziehungsphantasien: wir phantasieren ständig um unsere Beziehungen. Die meisten Romane haben mit Beziehungsphantasien des Autors zu tun, und aus der Literatur wird auch ersichtlich, daß der gleiche Autor viele verschiedene Beziehungsphantasien haben kann.

Auch unser Träumer hatte verschiedene Beziehungsphantasien, spielte sie gleichsam durch und versuchte wohl herauszufinden, welche von ihnen ihm am meisten Freude machten, wohl auch, welche ihn am meisten als Person erfaßten, erfand er doch Kosenamen, die die Frau für ihn erfinden sollte, verwarf sie wieder usw.

Es ist typisch für Beziehungsphantasien, daß wir nicht nur den Partner oder einen möglichen erwünschten Partner phantasieren, sondern daß wir mehr oder weniger bewußt auch uns selbst als eine Figur dieser Beziehungsgeschichte sehen. Wir sehen uns auch so, wie wir für diesen geliebten Menschen sein möchten, sein könnten.

Der Träumer drückt das aus, wenn er sagt, er möchte schon so sein wie der junge Mann, meditativ, pfiffig, lebendig. Und indem er sagt, daß er sich so lebendig fühle, seit er diese Frau kenne, drückt er aus, daß in der Faszination durch diese Frau eine lebendige, pfiffige, aber auch weise Seite in ihm zum Leben drängt.

Diese Frau könnte seine pfiffige, lebendige Seite aus ihm herauslieben. Das scheint mir ein außerordentlich wichtiger Aspekt einer Beziehung zu sein: Jeder Mensch, der uns fasziniert, liebt etwas aus uns heraus, spricht etwas in unserer Psyche an, was dann ins Leben hereingeholt werden kann. Was einmal angesprochen worden ist, verändert unser Leben und uns selbst. Auch wenn wir uns von einem Menschen trennen, bleibt das, was er aus uns herausgeliebt hat, was er in uns angesprochen und damit auch ins Gespräch gebracht hat, etwas, was uns nicht mehr verlorengehen kann, was zu unserer Lebensgeschichte gehört, was uns neue Aspekte von uns selbst erfahrbar und erlebbar gemacht hat. Wenn wir uns das bewußt machen, verlieren wir mit Beziehungen, die sich lösen, nicht immer auch uns selbst.

Das gilt natürlich nicht nur von Liebesbeziehungen. In den Liebesbeziehungen werden diese Aspekte nur ganz besonders sichtbar und erlebbar. Doch was am Ausnahmefall, was an einer Grenzsituation menschlichen Erlebens – und das ist die Liebe – sichtbar wird, kann, wenn unser Erleben und unsere Sehweise dadurch geschärft worden sind, sich auch in weniger dramatischen Beziehungen zeigen.

Man könnte jetzt meinen, daß der Träumer eh schon ein pfiffiger Mensch gewesen sein wird. Dem ist aber nicht so: Er ist eher ein etwas langsamer, bedächtiger Mann, der es gerne hat, wenn alles in den vorbestimmten Bahnen abläuft, dem eine gewisse Beweglichkeit abgeht. Er war darum selbst sehr erstaunt darüber, daß er dazu fähig war, sich so »gewagte« Phantasien über sich und seine mögliche Partnerin zu machen.

Sowohl in seinen Beziehungsphantasien als auch in seinem Traum wird klar, daß es nicht nur darum geht, sich selbst in seiner erwünschten Gestalt und den geliebten Menschen in seiner ersehnten Gestalt zu sehen – darum geht es auch –, sondern es geht vor allem darum, daß wir die Art der Beziehung phantasieren, die natürlich auch etwas mit der besonderen Art der beiden Partner zu tun hat.

In der wachen Phantasie sind dem Träumer die Kosenamen wichtig. Dabei geht es nicht nur um den Geborgenheitsaspekt, sondern auch darum, daß Kosenamen ja neue Namen sind, die die Geliebten einander geben, also auch um Aspekte der Beziehungsphantasie zu einem ganz speziellen Menschen: Sie wird zum Beispiel zu einem »Herzkäferli«, er zu einem »Brummerli«. Kosenamen sind Ausdruck für eine ganz bestimmte Beziehung, meist auch für eine ganz bestimmte Zeitspanne einer Beziehung, und wenn ein Paar zu einem späteren Zeitpunkt auf einen früheren Kosenamen zurückgreift, dann greifen die beiden auch auf eine Beziehungsphantasie zurück, die ihrer Partnerschaft einmal zugrunde gelegen hat. Mit diesem Zurückgreifen tauchen sie dann auch in viele Erinnerungen ein, und viele Erlebnisse werden wieder lebendig, die sie damals miteinander verbunden hatten. Kosenamen sind aber auch Ausdruck dafür, daß in der Beziehung beide sich ein Stück weit verändern, Seiten in ihnen lebendig werden, die eigentlich nur im Zusammenhang mit dem Partner ihre Bedeutung haben[1].

Im Traum stand vor allem das Einssein der beiden miteinander im Vordergrund, das sich auch darin zeigte, daß sie keine Gesten brauchten, um dieses Einssein darzustellen, und daß sie miteinander auf ihre Aufgabe bezogen waren. Das ist offenbar ein Beziehungswunsch des Träumers: mit einer Partnerin zusammen hingebungsvoll – und doch auch pfiffig – eine Aufgabe angehen zu können.

Fassen wir dieses Traum-Paar symbolisch auf, als ein Paar, das sich in der Seele des Träumers konstelliert hat, also Lebensmöglichkeiten von ihm ausdrückt, dann verkörpern sie, daß er ganz hingebungsvoll, mit dem Gefühl des Ganzseins – und das ist ein Gefühl des Geglücktseins –, sein Leben weiterführen kann. In der Situation des Verliebtseins aber werden wir in diesem Bild viel eher eine Beziehungsphantasie sehen: So möchte er die Beziehung mit einer Frau leben können. Er selber sagt nachher, das stelle sein »Ideal« dar. Der Träumer ist ein Mensch mit vielen Idealen und ist sich selber gegenüber schon etwas mißtrauisch, wenn wieder etwas so ganz und gar ideal erscheint.

Beziehungsphantasien meinen aber das Ideale, und der geliebte Partner wird idealisiert, sonst wäre er eben nicht der geliebte Partner. Und nicht nur der geliebte Partner wird idealisiert, auch man selbst wird – als Teil der Beziehungsphantasie zu diesem Partner – immer auch ein Stück weit mit idealisiert.

Dostojewski hat das sinngemäß so ausgedrückt: Einen Menschen lieben heiße, ihn so zu sehen, wie Gott ihn gemeint haben könnte. Diesen Ausspruch kann man dahin ergänzen, daß wir, wenn wir geliebt werden, uns manchmal auch so erleben, wie Gott uns gemeint haben könnte. Das liegt wohl im Wesen der Liebe. Vielleicht entsteht Liebe nur dann, bricht Liebe nur dann auf, wenn wir in einen geliebten Menschen seine besten Möglichkeiten hineinsehen und diese aus ihm herauslieben können, Möglichkeiten, die ihn über die Enge des bisherigen Gewordenseins hinaustragen, die sein Leben für etwas öffnen, was er nicht für möglich gehalten hat. Und indem wir die besten Möglichkeiten in einen geliebten Menschen hineinsehen – oder vielleicht besser: aus ihm heraussehen –, gewinnen wir als die Liebenden teil an ihm, und es werden auch in uns Aspekte wach, die über das hinausgehen, was wir geworden sind, worauf wir uns festgelegt haben.

Was wir in einem geliebten Menschen sehen, mag ein »fundiertes Wunschild seiner selbst«[2] sein, das eben der Phantasie eines liebenden Menschen bedarf, um es ins alltägliche Leben zu inkarnieren; es mag aber zunächst auch nur ein Wunschbild des Liebenden sein. Allerdings wird dann die Ernüchterung recht schnell folgen, die Enttäuschung sich einstellen. Aber es ist wohl doch das Geheimnis der Liebe, daß da ein Mensch plötzlich die Phantasie und den Mut aufbringt, in einem anderen Menschen etwas zu sehen, das dieser selber vielleicht ahnt, aber noch nicht kennt, und worauf er sich nie einlassen könnte, würde es ihm nicht von außen liebend nahegebracht.

In den Beziehungsphantasien projizieren wir nicht nur das, was uns selbst fehlt und was uns aus unserer eigenen Psyche am anderen entgegenwächst, in den anderen hinein; der geliebte Mensch ist nicht einfach ein Spiegel, an dem wir zu uns selbst kommen können. In der Liebe sehen wir vielmehr die besten Möglichkeiten in einen Partner hinein und geben ihm durch unsere Liebe auch das Gefühl, daß er sie verwirklichen kann. Und wenn wir wirklich lieben, werden wir ihm auch verzeihen, wenn er in der Realisation seiner besten Möglichkeiten weit hinter ihnen zurückbleibt. Wir werden vielleicht gerade dadurch, daß wir uns später noch an die Gesten der aufbrechenden Liebe erinnern, auch immer wieder daran denken, daß wir solche schöpferischen Phantasien, solche erwartungsvollen Gefühle mit diesem Menschen verbunden haben und daß die Möglichkeit, sie zu realisieren, so lange besteht, wie wir sie in unserer Phantasie aufrechterhalten.

Das ist gewiß nicht als ein imaginativer Gewaltakt zu verstehen. Es ist ein Aspekt der Liebe selbst, daß sie im geliebten Menschen viele Möglichkeiten sieht, die dem, der nicht liebt,

Das Gold, das in der religiösen Malerei des Mittelalters Symbol für den höchsten Wert ist, wird in diesem Bild von Gustav Klimt für die Darstellung der Erotik gewählt. Damit sagt er, daß die Liebe – ausgedrückt im Kuß – in den göttlichen Bereich gehört und in den Liebenden sich die Götter widerspiegeln. Die Gewänder der Liebenden – charakterisiert durch die männlich rechteckigen und weiblichen runden Formelemente – lassen zugleich erkennen, daß Wesenszüge des einen Partners vom anderen scheu aufgenommen werden.
Verbunden sind die beiden aber letztlich durch ein schwingendes goldenes Formelement, das zum Ausdruck bringt, daß beide, in ihrer Gemeinsamkeit über sich hinauswachsend, ein neues Ganzes bilden.

Gustav Klimt (1862–1918). Der Kuss. Österreichische Galerie, Wien.

verborgen bleiben. Das mag von außen als die »Blindheit« der Liebe erscheinen, von innen ist es die Sehergabe, die Chance der Liebe. Auch dieser Aspekt ist im Traum angedeutet.

Der Träumer träumt, nachdem er schon viel phantasiert hat, diesen Traum. Der Traum hat also seinen Beziehungsphantasien etwas beizufügen. Und zwar gerade diesen »idealen« Aspekt, wie der Träumer ihn nannte, oder aber auch, wenn wir näher am Traumtext bleiben, den Aspekt eines »göttlichen« Paares, das für den Träumer aber in Menschengestalt erscheint, so daß er nicht eine zu große Distanz zwischen ihm und sich empfindet.

Der Traum selbst regt diese ideale Sicht der Beziehung an, zeigt, daß in all den Phantasien, die mit dem alltäglichen liebevollen Umgehen miteinander zu tun haben, etwas in ihm mitbetroffen ist, das er »göttlich« nennt, das weit über Menschliches hinausgeht und doch Mensch werden kann. Ideal, gewiß – aber Ausdruck dafür, daß, wenn wir lieben, diese idealen Aspekte des Menschlichen mitberührt sind und daß Eigenschaften, die wir den Göttern zuschreiben, die uns also meistens unerreichbar bleiben, hier zumindest als Phantasie, als Utopie in den Bereich des Lebbaren rücken. Damit werten sie den Träger dieser Bilder in seinem Selbstwert ungemein auf und geben ihm eine ungeheure Anregung zur Selbstverwirklichung, gerade auch zur Realisierung dieser zutiefst verschwiegenen Bilder von sich selbst. Auch wenn solche Bilder im realen Leben wohl nie ganz eingelöst werden können, als Utopie, als Anreiz zur Entwicklung stehen sie hinter jeder Liebe. Hinter jeder Paarbeziehung stehen Beziehungsphantasien, die wir als ideal erleben und die wir dementsprechend auch in den Mythen von den Beziehungen der Götter widergespiegelt finden. In solchen idealen Paarbeziehungen stellten sich die Menschen eben zumindest die Götter vor. In der Auseinandersetzung zwischen diesem Ideal und dem Lebbaren spielt sich dann das gelebte Leben ab, und dabei verändern sich auch die Beziehungsphantasien.

Ziel dieses Buches ist es denn auch, einige der überlieferten Beziehungsgeschichten zwischen Göttern als solche Phantasien zu erweisen, die die Menschen noch immer in ihren Beziehungsphantasien mitbetreffen. Dabei geht es auch um den Versuch, männliche und weibliche Aspekte der eigenen

Psyche zu integrieren, was wiederum auf die Art und Weise, wie Frauen und Männer miteinander umgehen, großen Einfluß hat.

Noch einen weiteren Aspekt des Traums möchte ich beleuchten: Der Träumer spricht verschiedentlich davon, daß von diesem Fährleutepaar für ihn ein Gefühl des Einsseins ausgeht, und in seinen Anmerkungen zum Traum spricht er dann auch von einem Gefühl von Ganzheit. Das ist ein weiterer wesentlicher Aspekt der Beziehungsphantasien: Wenn solch ein Paar für uns erlebbar wird und solche Ganzheits-Gefühle in uns auslöst, sei das in einer Phantasie, einer Imagination, in einem Traum oder ausgehend von einer ganz realen Beziehungssituation – wobei es auch eine Beziehung zu einem gleichgeschlechtlichen Menschen sein kann –, dann fühlen auch wir uns »ganz«, dann fühlen wir uns identisch mit uns selbst, fühlen, daß wir – einen Entwicklungsprozeß durchlaufend – stimmig im Leben stehen. Natürlich werden wir einen Partner suchen, der in uns dieses Gefühl der Ganzheit so oft wie möglich hervorrufen kann, denn nichts kann uns so sehr das Gefühl des guten Selbstwerts und damit auch einer guten Befindlichkeit geben wie dieses Erleben von Ganzheit. Nur, scheint mir, sind Partner nicht dazu da, einem diese Ganzheit zu erhalten; daß sie diese Bilder in uns anregen, diese Bilder überhaupt ins Leben hereinholen und uns auch zwingen, mit diesen Bildern umzugehen, sie zu inkarnieren, ist doch wohl schon genug.

Der Schluß des Traums ist davon beherrscht, daß der Träumer nicht erwachen will, weil sonst dieses Gefühl der Einheit, der Ganzheit verlorengehen könnte. Er spürt sehr deutlich, daß nicht nur die Einheit eine Realität ist, sondern auch die Trennung, und beim Aufwachen gelingt es ihm, Einssein und Trennung wechselweise zu erleben, also die Angst vor der Trennung auch immer wieder zu überwinden. Auch das ist eine Realität: Das Problem der Trennung muß in jeder Beziehungsphantasie mit gesehen werden; Menschen können nicht nur in Vereinigung leben, sie müssen auch immer wieder einzelne sein. Und sosehr auch in der Liebe und in den Beziehungsphantasien, die zu ihr gehören, das Erlebnis des Getrenntseins aufgehoben ist und aufgehoben wird, ist das doch jeweils nur der eine Aspekt der Bezogenheit. Und so werden wir es denn im folgenden mit Beziehungsidealen, mit Bindungsverhalten, aber auch mit der Notwendigkeit der Trennung zu tun haben.

Diese Gedanken zu den Beziehungsphantasien möchte ich nochmals zusammenfassen und ergänzen: Unseren Beziehungen liegt immer eine Beziehungsphantasie zugrunde. Diese Beziehungsphantasien sind dann am lebendigsten, wenn wir verliebt sind; dann sind wir gepackt von diesen Phantasien, gestalten sie, leben in ihnen. Versuchen wir doch einmal, uns eine dieser Phantasien aus unserem Leben zurückzurufen, noch einmal zu sehen oder nachzuempfinden, wie wir damals unseren Partner oder unsere Partnerin gesehen haben – in einigen seiner oder ihrer mannigfaltigen Erscheinungsweisen –, und versuchen wir auch nachzuspüren, ob wir mit dem Bild des Geliebten oder der Geliebten nicht auch ein Bild von uns selbst verknüpft und in diesem Bild ausgedrückt haben, wer wir für diesen Partner gerne sein wollten.

Meine These ist: In meiner Beziehungsphantasie gestalte ich ein Paar, dessen einer Aspekt nicht einfach aus meinem Ich besteht, sondern ich phantasiere eine mir Ganzheit verheißende, beglückende, anregende, erregende Verbindung von Frau und Mann, ausgelöst durch einen Partner oder durch eine Partnerin. In der Phantasie zeigt sich nicht nur, was dieser Partner etwa für mich sein könnte, was ich in ihm/ihr sehe, sondern auch meine Vorstellung davon, was er/sie aus mir herausliebt, welche besten oder schlechtesten Züge er/sie in mir belebt.

In dieser Phantasie werden aber nicht nur zwei einzelne Wesen gestalthaft gegenwärtig, die Phantasie rankt sich im wesentlichen um die Beziehung, die diese beiden miteinander haben, um ihren Umgangsstil, um die Freude und die Befriedigung, die daraus entstehen, um die Ängste, mit denen umgegangen werden muß.

Sowohl die Bilder der Partner als auch ihre Beziehungsform sind von vielen Aspekten abhängig: von der Elternbeziehung, von früheren Beziehungen, die ihnen Wohlbefinden gegeben haben, von gesellschaftlichen Normvorstellungen, wie sie etwa im Fernsehen oder im Kino gezeigt werden, aber auch von archetypischen Bildern und im Zusammenhang damit von der Sehnsucht, im Liebeserlebnis Ganzheit zu erleben, zu erfahren, daß immer wieder Getrenntes zu einer Einheit werden kann und wie wir in dieser Einheit über uns hinauswachsen. In einer Beziehungsphantasie ist aber auch die Sehnsucht nach der eigenen Ganzwerdung verborgen sowie die Hoffnung, das Getrenntsein vom Mitmenschen zu überwinden. Mit dieser archetypischen Ebene hängt auch zusammen, daß wir in der Liebe den Partner, aber auch uns selbst als Liebende so sehen, wie Gott uns gemeint haben könnte. Das ist das ungeheuer Stimulierende an der Liebe, daß sie uns in Beziehungsphantasien selber in neuem Licht zeigt – wie wir in der Liebe ja auch über uns hinauswachsen. Das Ernüchternde hängt natürlich auch damit zusammen: Wenn wir diese Bilder nicht mehr aufrechterhalten können und anfangen, einander aus Enttäuschung zu entwerten, dann erfolgt der Absturz. Wenn die Bilder der Öffnung und des Aufbruchs, wie sie der ersten Phase der Liebe entspringen, zu einem enttäuschten »so bist du wirklich – und nur so« werden, zu einem verengten Bild des Partners, wird der anfängliche Raum der Freiheit zu einem Gefängnis.

Ob zwei Menschen miteinander eine Beziehung eingehen, hängt wohl davon ab, ob ihre Beziehungsphantasien einander in etwa entsprechen. Wir gehen ja in der Realität so vor, daß wir immer wieder Aspekte einer Beziehungsphantasie zu realisieren versuchen und darauf achten, ob der Partner darauf eingehen kann oder nicht. Wenn er nicht oder zu wenig darauf eingehen kann, dann suchen wir einen anderen Partner; wenn er aber so darauf eingehen kann, daß er unsere Beziehungsphantasie mit seiner Phantasie noch bereichert, dann bekommen wir das Gefühl des Zusammenpassens, dann ereignet sich Liebe, dann ist auch Gelegenheit gegeben, daß wir miteinander Beziehungsräume gestalten können. Beziehungsräume sind die Räume, in denen die Liebe sich immer wieder ereignen, sich immer wieder neu entzünden kann.

Wenn wir aber lebendige Menschen sind, werden wir feststellen, daß diese Beziehungsphantasien sich im Laufe des Lebens immer wieder verändern, daß wir also, wenn wir lebendige Beziehungen haben wollen, auch diese Beziehungsphantasien immer wieder miteinander teilen müssen, nicht, indem wir sie als Vorwürfe gegeneinander wenden, sondern sie als Sehnsüchte nach neuem gemeinsamem Leben formulieren, als Wegmarken einer gemeinsamen Beziehung betrachten. Krisen und Probleme gibt es dann, wenn wir feststellen, daß eine neue Beziehungsphantasie vom Partner nicht oder noch nicht geteilt werden kann, oder wenn wir uns unserer neuen Sehnsüchte noch nicht bewußt sind.

Mythen als Modelle

Die Ideale, die sich hinter den Beziehungsphantasien der Menschen verbergen und sich zugleich in ihnen ausdrücken, variieren verhältnismäßig wenig im Laufe der Zeiten und bei den unterschiedlichen Menschen. Grundsehnsüchte und Grundängste der Menschen im Blick auf Beziehungen scheinen sich ähnlich zu bleiben, nur der Umgang mit ihnen verändert sich – wenn es gut geht.

Diese Grundsehnsüchte und Grundängste im Zusammenhang mit Liebe und mit Beziehung sind schon in den Mythen von den Götterpaaren dargestellt, die uns die Religionsgeschichte überliefert.

Im Mythos ist ausgedrückt, wie der Mensch sich selbst und die Welt versteht oder verstehen möchte; im Mythos finden wir Selbstdeutungen und Weltdeutungen des Menschen, in den Mythen von Götterpaaren Deutungen des Paarverhaltens, mögliche Modelle für die Beziehung zwischen Mann und Frau. Da es verschiedene Götterpaare gibt, gibt es auch verschiedene Modelle, die gleichsam Ideale sind und mit denen wir uns auseinanderzusetzen haben.

Mythen sind kollektiv gültige Menschheitsgeschichten über das Leben und über den Tod; wenn wir uns mit ihnen beschäftigen, entdecken wir in ihnen immer noch einen Bedeutungsüberschuß, durch den sie immer noch unsere Sicht des Lebens mit erklären helfen oder uns dazu bringen, Lebenserfahrungen und Phantasien über das Leben von anderen Perspektiven aus anzusehen. Wenn sie für unser Verständnis von Leben und Welt keine Bedeutung mehr hätten, würden wir uns nicht mehr für sie interessieren. Mir scheint es immer reizvoll, verschiedene Deutungsversuche des Lebens zur Erklärung eines Phänomens – wie hier der Beziehungsphantasie – heranzuziehen, damit sich aus den vielen Perspektiven eine neue Sichtweise ergeben kann.

Wenn sich in den Beziehungsphantasien überhaupt und insbesondere in denen, die mit großer Liebe verbunden sind, in jedem Menschen archetypisch Weibliches und Männliches in seiner Zusammengehörigkeit konstelliert – zugleich mit einer Belebung des Schöpferischen, Imaginativen –, dann müssen diese Paare in der Mythologie zu finden sein, in unseren Phantasien, in der Literatur, in den Träumen, aber auch im Alltagsleben des einzelnen.

Ich möchte dieser Idee nun nachgehen und verschiedene Götterpaare in ihrem Mythos darstellen, dann zeigen, wie diese Götterpaare sich in der Literatur oder in heute lebenden Menschen verkörpern, wie das im Zusammenhang mit den Beziehungsphantasien zu sehen ist und welche Probleme sich daraus ergeben. Dabei geht es mir um die Auseinandersetzung zwischen dem Beziehungsideal, wie es sich eben in den Götterpaaren bildlich darstellt, und dem real lebbaren Leben.

Anmerkungen

1 Leisi, E., Paar und Sprache, UTB 824, Heidelberg 1978
2 Bloch, E., Prinzip Hoffnung, Frankfurt 1959, S. 378

Shiva und Shakti

Das Beziehungsideal des einander ganz Gehörens

Wir träumten voneinander
Und sind davon erwacht,
Wir leben, um uns zu lieben,
Und sinken zurück in die Nacht.

Du tratst aus meinem Traume,
Aus deinem trat ich hervor,
Wir sterben, wenn sich eines
Im andern ganz verlor.

Auf einer Lilie zittern
Zwei Tropfen, rein und rund,
Zerfließen in Eins und rollen
Hinab in des Kelches Grund.

Friedrich Hebbel

Bilder der Sehnsucht

Zunächst ein Stück Lebensgeschichte: Ein fünfunddreißigjähriger Mann, Herbert, erfolgreich in einem bürgerlichen Beruf, ist etwas weniger erfolgreich als Künstler. Nachdem er ein erstes Mal mit einem Kunstwerk vor die Öffentlichkeit getreten ist, kann er nichts Neues mehr schaffen. Er hat immer einen guten Grund, weshalb er eben jetzt nicht künstlerisch tätig sein kann, er ärgert sich aber maßlos darüber.

Er hat Angst, das zweite Werk könnte, gemessen am ersten, nicht mehr so viel Anerkennung finden, auch wären die Menschen nach dem ersten Erfolg vielleicht anspruchsvoller ihm gegenüber geworden. Er hat aber auch Angst, daß er, wenn er wieder künstlerisch arbeitete, sich so begeistern, so außer sich geraten könnte, daß er es nicht aushielte, daß er also »ausflippen« oder sogar psychotisch werden könnte. (Viele verhinderte Künstler flüchten in den Alkohol, weil sie eine große Überstimulierung nicht aushalten können.)

Herbert formuliert nun sein Beziehungsideal: »Ich möchte eine Partnerin haben, die mich ganz versteht, die meine tiefsten Erkenntnisse teilt, die nur für mich Augen hat wie ich nur für sie. Ich stelle mir vor, daß wir in ständiger Umarmung leben würden: real, aber auch symbolisch; daß ich dann sehr schöpferisch wäre und sie auch. Ich würde mich dann ganz sicher, geborgen, verstanden und stark fühlen und sie auch. Sie brächte die Kraft in mir zum Fließen. Aber wenn sie mich verließe, dann bräche eine Welt zusammen, das würde ich nicht ertragen, überhaupt nicht, und deshalb ist das, was ich jetzt da phantasiert habe, eben unerfüllbare Sehnsucht und muß es auch bleiben.«

Dieser Mann flieht jede Beziehung, sobald es »funkt«, sobald er das Gefühl hat, daß etwas in ihm in Gang gerät, was er nicht mehr kontrollieren kann. Er zieht Beziehungen vor, die »ruhig« sind, die keine Komplikationen ergeben, die auf klaren Abmachungen basieren, die auch wieder ohne größeren psychischen Aufwand aufgelöst werden können. Diese Beziehungen können ihn aber natürlich auch nicht anregen. Zwischen seiner Scheu, sich seiner schöpferischen Arbeit wieder zuzuwenden, die ihn stimulieren, aber vielleicht auch überstimulieren würde, und seiner Scheu, sich einer Beziehung zu öffnen, in der das ganze Phantasieleben in Gang käme, besteht ein Zusammenhang, eine gleiche Struktur des Verhaltens. Auch wird sichtbar, daß seine Sehnsucht gerade einem ganz anderen Erlebnis von Beziehung gilt.

Die Bilder dieser Sehnsucht sind Bilder, wie sie uns vom Shiva-und-Shakti-Mythos her vertraut sind. Der Mythos von Shiva und Shakti ist ein Schöpfungsmythos. Liebe, Beziehung und Weltschöpfung werden von diesem Mythos als eins gesehen, und das scheint mir auch das Wesen der Liebe zu treffen, entsteht doch in jeder Liebesbeziehung eine Welt für die beiden Liebenden, ist doch Liebe in sich etwas sehr Fruchtbares. Zeugen und Gebären sind Ausdruck für den Drang der Liebe, wobei dieses Zeugen und dieses Gebären ganz real, aber auch in dem übertragenen Sinn gemeint sein können, daß unter diesen Bildern etwas Neues im Partner gesehen wird, auch etwas Neues im eigenen Leben, das ungeheuer zu beleben und alte Grenzen aufzusprengen vermag. In der Liebesbeziehung wird uns klar, was im Grunde genommen für jede Beziehung gilt, daß wir am Du zum Ich werden, daß unser Wesen uns immer prägnanter entgegentritt, je mehr wir uns offen in die Begegnung mit anderen Menschen einlassen. Der Liebe eignet eine Schöpfungswonne, und das ist bei Shiva und Shakti dadurch ausgedrückt, daß der Schöpfungsmythos gleichzeitig auch der Liebesmythos ist.

Ich werde diesen Schöpfungsmythos recht breit darstellen, weil in ihm – über die Beziehung Shiva–Shakti hinaus – wesentliche Aspekte von Beziehungsidealen dargestellt sind. Dabei beziehe ich mich auf das Buch von Heinrich Zimmer: Abenteuer und Fahrten der Seele. Heinrich Zimmer hat diesen Mythos als erster in eine europäische Sprache übersetzt.

Vorauszuschicken ist, daß die indische Mythologie Brahma, Vishnu und Shiva als drei Aspekte der Muttergöttin Maya sieht; Maya ist dabei aufgefaßt als der »alles gebärende Schoß, die allnährende Brust, das alles verschlingende Grab«. Brahma gilt als der Schöpfer, er ist zuständig für die schöpferischen Gebärden des göttlichen Ganzen. Vishnu gilt als der Welterhalter, er »verbürgt ihren Bestand«, er ist der Retter und sorgt für Ruhe. Shiva schließlich gilt als der »Zerstörer«, ist aber auch das »Göttliche in unbewegter Selbstentrückung: das Auge einwärts in die ideale Leere seines Wesens versenkt«[1]. Er nimmt am Wechselspiel des Lebens nicht teil, außer in der Zerstörung, die jedoch in dieser Mythologie als unabdingbar für den ewigen Fluß des Geschehens gesehen wird.

Das Entstehen der Beziehung als Schöpfungsmythos

Der Text erzählt, daß Brahma die Weltsphäre mit Göttern und Wesen aus innerer Sammlung hervorbringt. Er sitzt im Kreise seiner »geistentsprungenen« Söhne – der künftigen Seher und Weisen –, und er senkt sich wieder in »die Betrachtung seines Innern«. »Aus einer neuen Tiefe trat jählings die herrlichste, dunkelhäutige Frau aus seiner Vision hervor und stand nackt vor aller Augen«: »Es war die Morgendämmerung, strahlend von Jugend und Leben. Ihresgleichen gab es bisher nicht in der Götterwelt, noch unter den Menschen, noch in der Tiefe des Weltgrundes bei den Schlangen der unteren Wasser, deren Flut das Weltall trägt. Die Wellen ihres blauschwarzen Haares schimmerten wie Pfauengefieder, und ihre langgeschwungenen dunklen Brauen glichen dem Bogen des Liebesgottes, und ihre Augen wie dunkle Lotoskelche hatten den lebhaften fragenden Blick der erschreckten Gazelle. Ihr mondrundes Antlitz glich einer purpurnen Lotosblume, und ihre steilen Brüste schienen dem Kinn entgegenzudrängen, mit ihren beiden dunklen Spitzen konnte sie Heilige betören. Ihr Leib war schlank wie ein Speerschaft, und ihre weichen Schenkel glichen ausgestreckten Elefantenrüsseln. Das Gesicht mit feinen Schweißperlen besät, stand sie im Schmuck aller Reize und lachte leise.«[2]

Alle fragten sich – voll Verlangen nach ihr –, was ihr bei der Weltentfaltung zufallen sollte. Brahma schaute wiederum in sein Herz, bebrütete seine Tiefe, da »sprang aus seinem Gemüte ein herrliches Wesen, ein Mann glänzend wie Goldstaub, reizend und stark. Rund und wohlgeformt an den Gliedern, die Brust breit wie eine Flügeltür und mit einer Haarreihe geziert, mit lebhaften Brauen, die sich in der Mitte begegneten, strömte er Blütenduft und glich einem brunsttrunkenen Elefanten. Hochgewachsen mit schlanken Hüften führte er den Fisch als Zeichen in seinem Banner und schwang einen Bogen aus Blumen mit fünf Blumenpfeilen in Händen.«[3]

Und dieser Liebesgott bekommt den Auftrag, mit Pfeil und Bogen Männer und Frauen zu betören, um so die dauernde Schöpfung der Welt zu bewirken. Nicht einmal die Götter sollten seinen Pfeilen widerstehen können. »Das Ziel deiner Pfeile ist das Herz, allen atmenden Wesen sollst du Trunkenheit und Freude bringen. Dies ist dein Wirken, das die Weltschöpfung weitertreibt . . .«[4]

Der Liebesgott, Kama, machte sich unsichtbar und bereitete seine Blütenbogen und Blütenpfeile vor. Er wollte jetzt ausprobieren, ob er seinen Auftrag auch ausführen könne, denn hier stand ja auch noch die wunderschöne Frau. »Er legte seinen Blütenpfeil auf die Blütensehne und zog den Bogen kräftig an. Da begannen berauschende Lüfte zu wehen, schwer vom Duft der Frühlingsblumen, und verbreiteten Entzücken.«[5] Er betörte sie allesamt, aus dem Leib von Brahma »traten alle Gefühle und Regungen mit ihren unwillkürlichen Gebärden und Ausdrucksformen ans Licht der Welt«, und die Frau antwortete mit weiblichen Regungen: »gespielte Zurückhaltung und verliebtes Gefallenwollen«. Der Liebesgott war zufrieden; er wußte nun, daß er seinen Auftrag in dieser Welt erfüllen konnte. »Und ein wunderbares Gefühl seiner selbst erfüllte ihn ganz.«

Shiva erwacht indessen aus seiner Selbstversunkenheit und bricht, als er Brahma und seine Begleiter in ihrem entzückten Zustand sieht, in Lachen aus. Das Auftreten Shivas bewirkt, daß Brahma »sein Wesen teilt«: Seine wahre Natur tritt neben die vom Liebesgott verwandelte. Brahma verwünscht im Zorn – oder ist es Scham? – den Liebesgott. Er läßt »die Wunschgestaltige« fahren und preßt seine Leidenschaft aus den Poren heraus. Daraus entstehen die Geister der Abgeschiedenen, die Ahnengeister, die nach Opfern verlangen. Die abgewürgte Lust äußert sich sichtbar in Totengeistern. Nachher aber nimmt Brahma die Verwünschung Kamas zurück.

Auch die anderen Götter streben nach Läuterung ihrer Sinne. Aus Daksha, dem ältesten Herrn der Geschöpfe, entsteht aus dem triefenden Schweiß des glühenden Verlangens eine herrliche Frau, schimmernd wie Gold, strahlend mit schlanken Gliedern. Er nennt sie Rati = Lust.

Brahma hört indessen noch immer das Gelächter von Shiva, fühlt sich von ihm geschmäht und ist etwas ratlos, weil Shiva in seiner Versenkung keine Frau sieht, ja das Verlangen nach einer Frau als etwas Geringes achtet. Und er sagt sich: »Wie soll die Entfaltung der Welt vorangetrieben werden, ihr Bestand, ihr Untergang, wenn sich Shiva keine Frau nimmt?« (Schon bei der Schöpfungsgeschichte wird also die persönliche Kränkung rationalisiert und in ein kosmisches Problem umgedeutet.) Immerhin ist ihm klar, daß, wenn Shiva dem kreisenden Leben fern bleibt, »bar jeder Leidenschaft«, er nur für sein Yoga taugen wird. Während Brahma so sinnt, sieht er den Liebesgott mit seiner Rati (Lust) glücklich vereint und gibt ihm den Auftrag, Shiva zu betören, damit auch er »glückseligen Gemütes sich eine Frau nimmt«.

Seine Waffe sei das Weib, sagt der Liebesgott: »Schaffe mir ein Weib, das Shiva entzückt, wenn ich sein Sehnen erregt habe.« (Diese Genauigkeit: zuerst das Sehnen, dann der Inhalt der Sehnsucht!) »Da versenkte sich der Ältervater der Welten über dem Vorsatz ›ich will das bezaubernde Weib schaffen‹ in innere Betrachtung, aber aus dem Atem, der ihm bei seiner Versenkung entströmte, entstand mit Blütenwind der Frühling.«[6] Mit dem Frühling soll der Liebesgott den Gott Shiva verzaubern, Brahma aber will in seinem Geiste ein Weib ins Leben rufen, das Shiva bezaubern soll.

Brahma bedenkt sich mit seinen geistigen Söhnen und mit Daksha. Und sie kommen zum Schluß, daß niemand anderer als die große Maya selbst, aus der alle Welt besteht, sie, die »Yogatraumtrunkenheit, die Weltgebärende«, Shiva verzaubern könne. Daksha soll die »heilige Allgestaltige« mit Opfern gewinnen, damit sie selbst als seine Tochter geboren wird, um dann Shivas Gattin zu werden.

Daksha »setzte sie in sein Herz ein und sammelte Glut in glühender Askese, um die Weltmutter leibhaftig mit Augen zu schauen . . . Ganz in innere Schau auf die göttliche Kraft versenkt, die aus dem All besteht, brachte er die Zeit hin.«[7] Diese Zeit hat genaue Entsprechungen zu der Inkubationsphase, die – nach Ergebnissen der Kreativitätsforschung – jeden schöpferischen Prozeß begleitet.

Auch Brahma preist nun in vollkommener Sammlung 36000 Jahre lang die nährende Mutter der Welt, die Maya. »Alle göttlichen Frauen sind ihre Erscheinungen, voran die großen Göttinnen: Lakshmi, die Gattin Vishnus, die Göttin des

Glücks, Sarasvati, die flutende Weisheitsrede heiliger Offenbarung und Überlieferung, die Brahmas Gattin ist.«[8] Er spricht sie an: »Du bist reiner Geist, des Wesen höchste Seligkeit ist, bist höchstes Wesen und die Kraft aller Kreatur, bist Lust und Befriedigung, bist reines Himmelslicht, das die Selbstbefangenheit des Samsara erhellt, und du überschattest als Dunkel immerdar die Welt.«[9]

Als er sein Wesen 36000 Jahre lang nicht ein einziges Mal vom Wesen der großen Maya abgewandt hat, erscheint sie ihm, dunkel und schlank, mit gelöstem Haar, auf ihrem Löwen stehend: »Wozu hast du mich angebetet? Sag, was du willst, wenn ich leibhaftig erscheine, ist der Erfolg dir gewiß.« Brahma klagt ihr, daß Shiva, der Herr der Geister, einsam wandle, wenn er aber keine Frau nehme, könne die Schöpfung nicht weitergehen, und nur sie könne ihn betören. Er bittet sie dringlich, Shiva in Bann zu schlagen, und Maya, in der Gestalt der zaubergewaltigen Kali, ist bereit, als Tochter von Daksha geboren zu werden, um dann die Gattin von Shiva zu sein.

Das Wie gab aber auch hier Probleme auf. Der Liebesgott mußte bekennen, daß alle Versuche, Shiva zu betören, bis jetzt erfolglos gewesen seien, alle Freuden des Frühlings, alle zärtlichen Spiele, die verliebte Paare vor ihm entfalteten, hätten bisher keinen Funken der Lust in Shiva wecken können. Daraufhin empfahl Brahma dem Liebesgott, künftig nur noch ein Viertel des Tages den übrigen Geschöpfen zu widmen, drei Viertel des Tages aber der Verführung Shivas.

Nachdem auch Daksha die Göttin inbrünstig verehrt hatte, offenbarte sie sich auch ihm und sagte ihm zu, sie wolle seine Tochter und die Liebste Shivas werden. So ging Daksha nach Hause und begann zunächst, in sich selbst – ohne Umgang mit einer Frau – Geschöpfe zu bilden: »In sich versunken bildete er Gestalten, die aus der Tiefe seines Gemüts greifbar in die Welt traten.« Dann nahm er sich ein Weib, und als ein »erstes Wunschbild aus seiner Seele auf sie fiel, empfing sie die Göttin Maya«.

Das Mädchen wurde geboren und wuchs sehr schnell auf. Es bekam den Namen Sati oder Shakti, das heißt die »Vollkommene«, oder »sie, die ist«. Schon als Kind zeichnete sie tagtäglich Shivas Bild. Als sie über die Kindheit hinaus war, begann sie auf Geheiß ihrer Mutter, Shiva zu verehren: mit

Nachtwachen, Opfergaben und innerer Schau – zwölf Monate lang lebte sie in Andacht dem Gotte geweiht.

Nun hielt Brahma die Zeit für gekommen, Shiva auf diese sich ihm entgegensehnende Frau aufmerksam zu machen. Als sich die Phase, in der Shakti den Shiva in reiner Meditation verehrte, ihrem Ende entgegenneigte, begab sich Brahma »mit seiner göttlichen Kraft und Gemahlin Savitri zu Shiva auf den Himalaya«, und Vishnu erschien mit seiner Gattin Lakshmi. Als Shiva, der »göttliche Asket«, die beiden Paare sah, erfaßte ihn »ein keimhaftes Sehnen nach Frau und Ehestand«.

Er fragte nach dem Grund ihres Kommens. »Brahma erwiderte: Um der Götter willen, um des Alls willen sind wir beide gekommen. Ich bin der schöpferische Grund der Welt, Vishnu der Grund ihres Bestandes, du aber wirkst das Ende der Geschöpfe. Im Gegenspiel unserer Kräfte hängen wir voneinander ab und müssen zusammenwirken, sonst kann die Welt nicht sein. Bleibst du auf immer dem Weltlauf fern, in Yoga angespannt, der Lust und Unlust-bar, so kannst du dein Teil am Weltgang nicht erfüllen.

Wenn wir drei mit unseren Gebärden nicht gegeneinander wirken, wozu haben wir dann drei besondere Leiber, verschieden von der Göttin Maya? In unserem wahren Wesen sind wir ja eines, nur in unserem Wirken sind wir verschieden. Wir sind ein einzig Göttliches, zur Dreifalt auseinander getreten, und so ist die göttliche Kraft, die uns bewegt, dreifältig in Gestalt der Göttinnen Savitri und Lakshmi und der Göttin Dämmerung, je nach dem Werk, das sie am Weltlauf wirken. Das Weib ist die Wurzel, aus der Verlangen sprießt; aus dem Besitz des schönen Weibes entspringen Lust und Wut.«[10]

Shiva ließ sich überzeugen und bat Brahma, ihm das Weib zu zeigen, das seine »höchste Schau mit ihm teilen« könne. Und Brahma sagte ihm, es sei Shakti, die Tochter Dakshas, die sich in Leidenschaft nach ihm verzehre. Nun war der Augenblick gekommen, in dem sich der Liebesgott mit der Göttin Lust nähern konnte; er trat zu Shiva und »hieß den Frühling sein Spiel treiben«.

Es jährte sich, daß Shakti ihr Gelübde gegeben hatte, da erschien ihr Shiva und sagte ihr, ihr Gelübde habe ihn hoch erfreut, er wolle ihr schenken, was sie sich wünsche. Er wußte zwar, was ihr Herz bewegte, wollte aber doch auch, daß sie es aussprach. Aber sie schämte sich und konnte nicht aussprechen, was sie von klein auf gewünscht hatte. Jetzt sah der Liebesgott eine verwundbare Stelle an Shiva: den Wunsch, eine Frau wie Shakti über ihre Sehnsucht zu ihm zum Sprechen zu bringen. »Da traf er Shivas Herz mit dem Pfeile, der Erregung weckt.« In Erregung starrte Shiva das Mädchen an – und vergaß die geistige Schau des höchsten Wesens. Da traf der Liebesgott ihn noch einmal . . . Shakti wollte gerade ihre Scham überwinden und Shiva um die Gewährung ihres Wunsches bitten, da rief er einmal übers andere aus: »Sei mein Weib!« »Leises Lachen und liebende Gebärde verriet ihre Gefühle dem Gott, Liebesgebaren zog in die beiden ein.«

»Geh zu meinem Vater und nimm mich aus seiner Hand«, sagte sie, er indessen wiederholte: »Sei mein Weib.« Shakti eilte heim zu den Eltern, Shiva aber zog sich in die Einsiedelei zurück und »gab sich im Schmerz über die Trennung von ihr ganz ihrem inneren Bilde hin«. Er erinnerte sich aber auch an Brahmas Mahnung, eine Frau zu nehmen, richtete nun all sein Denken auf Brahma, und »gedankenschnell kam er auf seinem Gefährt, von Schwänen gezogen, durch den Äther daher«. Shiva hatte keinen dringlicheren Wunsch, als daß Brahma beim Vater der Shakti alles recht schnell arrangieren solle, was nötig sei, um Shakti zur Frau zu bekommen. Das tat Brahma auch und rief seine geistigen Söhne herbei, um Shiva das Geleit zu geben. »In ein Tigerfell gewandet, eine Schlange als Brahmanenschnur um Schulter und Hüfte geschlungen, bestieg der Gott seinen mächtigen Stier; die Sichel des jungen Mondes in seinem Haar warf einen lichten Schein über ihn. Lärmend umjubelten ihn seine Scharen (geringere und phantastische Abbilder von ihm, in die Atmosphäre geschleudert durch die ungeheure Kraft seiner sprühenden Gegenwart) . . . Alle Götter nahten sich in feierlichem Zuge, dem Freier das Geleit zu geben, Selige und Himmelsfrauen kamen mit Musik und Tanz. Der Liebesgott erschien leibhaft mit seinem Gefolge der Gefühle, Shiva erfreuend und betörend. Der Himmel rings war klar und heiter, duftende Winde wehten, alle Bäume standen in Blütenpracht, alle Geschöpfe atmeten Gesundheit, und die Leidenden genasen, als Shiva so von allen Göttern mit Musik gefeiert zu Dakshas Behausung zog.

Schwäne, Wildgänse und Pfauen stießen vor Freude süße Laute aus, als gäben sie ihm das Geleit.«[11]

Auf Geheiß Vishnus versenkte sich Shiva wieder in seine innere Schau, die er wegen des Weibes vergessen hatte, und er sah in seiner Schau nochmals die ganze Schöpfung: Er sah sich mit Shakti einsam auf Berggipfeln in Liebe verschlungen, sah, wie Shakti »ihren eigenen Leib hinfahren ließ«, als Tochter des Himalaya wieder erstand, und wie ihr Sohn zur Welt kam. Er sah aber auch, wie Brahma in Vishnus Leib einging, wie *er* in Vishnus Leib einging und wie Vishnus Gestalt sich auflöste ins »höchste Wesen, das reines Licht ist, selige Erkenntnis«. Er sah Einheit und Vielheit der Welt, Entfalten, Erhalten und Ende.

Als Shiva aus seiner Versenkung auftauchte, flog sein Gemüt sofort wieder Shakti zu. Er hob Shakti auf seinen Stier Nandi und zog unter dem Jubel der Götter, Dämonen und Wesen davon. Auf dem Himalaya angekommen, schickte er alle weg, und der Gott und die Göttin genossen ihre Liebe lange Zeit. Mit ihnen hielten der Liebesgott und der Frühling auf der Erde Einzug, während Shiva und Shakti sehr großen Gefallen aneinander hatten.

Als die heiße Jahreszeit im Anzug war, klagte Shakti, daß sie kein Haus hätten, um sich zu schützen, doch Shiva sagte lächelnd, er brauche kein Haus, er ziehe durch die Wildnis ohne feste Statt. Und so verbrachten sie die heiße Zeit miteinander unter Schattenbäumen. Als die Regenzeit kam, bat Shakti wieder, Shiva möge ihr ein Haus bauen. Doch Shiva sagte: »Ich habe nichts, um ein Haus zu bauen, ein Tigerfell deckt meine Lenden, Schlangen sind mein Schmuck.« Da schämte sich Shakti für ihn. Er aber hob sie, statt ein Haus zu beschaffen, über die Wolken und blieb mit ihr dort oben vereint, bis die Regenzeit vorbei war.

Shivas Herz war ganz von Shakti erfüllt, unermüdlich in Liebesbeweisen und Glut. Bei Tag und Nacht konnte er an nichts anderes als an sie denken, er kannte das höchste Wesen nicht mehr noch die Versenkung. Shaktis Blick hing unverwandt am Antlitz des großes Gottes, und Shivas Augen waren auf ihr Gesicht gebannt: »Der unversiegliche Strom seiner Leidenschaft nährte den Baum ihrer Liebe, daß er seine Krone breitete in ihrer Vereinigung ohne Ende.«

Brahma, der Schöpfergott und insofern Vorbild jedes schöpferischen Menschen, bringt die Welt durch Imagination hervor, in der Sammlung auf seine Tiefe steigen die Bilder in ihm auf und nehmen Gestalt an. Immer wieder zeigt es sich in diesem Schöpfungsmythos, der letztendlich den Zweck hat, Shiva der Liebe zuzuführen, wie wichtig die innere Schau ist, die Imagination des geliebten Menschen, wie wichtig also eine Beziehungsphantasie ist. Der Gott der Liebe ist der, der diese Beziehungsphantasien zwar anregt, der sie letztlich aber nicht ohne die Betroffenen ausgestalten kann.

Auch wird in diesem Mythos sehr schön ausgedrückt, wie durch die Schöpfung des Liebesgottes die Geschehnisse unter Göttern und Menschen unvorhersehbar werden: Mit der Liebe kommt eine Dynamik ins Leben, die nicht mehr kontrollierbar ist, sondern die sich spontan ereignet. Der Mythos erzählt sogar, daß ohne die Liebe der ganze Zyklus von Werden, Bestehen und Vergehen nicht ineinanderspielen könnte.

Möglichkeiten und Probleme der Shiva-Shakti-Beziehungsphantasie

Shiva wird zunächst gezeigt im Bilde des Gottes, der in sich konzentriert bleibt, der sich nicht entäußern mag, als passive Kraft, Shakti als Personifikation der Maya, als Muttergöttin, als aktive Kraft. Die Begegnung mit Shakti löst in Shiva Liebe, Glut, Leidenschaft aus, also eine ungeheure Lebensintensität; er gerät in Bewegung, ist ganz von Shakti erfüllt und löst in ihr offenbar dieselben Gefühle aus.

Das Beziehungsideal, das die beiden verkörpern und das wohl, wahrgenommen oder nicht wahrgenommen, das Leitbild aller Liebe ist, ist das Aufheben alles Getrenntseins. Sie sind füreinander alles, ganz offen füreinander, ganz abgeschlossen gegen die Außenwelt, sie genügen einander, sind »ineinander Genügte« (Rilke). Sie leben eine ausschließende Zweisamkeit, voller Lust, in ewiger Umarmung. Sie sind in dieser ewigen Umarmung Symbol einer Ganzheit, transzendieren sich als Einzelwesen, transzendieren alltägliches Leben. So stellen sie ein Bild für Liebessituationen dar, wie wir sie immer wieder kennen, wenn wir von Liebe ergriffen sind. Doch holt uns dabei das alltägliche Leben auch immer wieder ein und aus solchen Ideal-Bildern zurück, auch wenn es diese Situationen der Liebe nicht auslöschen und auch nicht zerstören kann. Natürlich wünschen wir alle, diese Momente der Transzendenz, der Zeitenthobenheit, die wir in einer solchen Liebessituation erleben, möchten anhalten, ewig währen – wie bei Shiva und Shakti –, und nur die etwas mehr der Realität Zugewandten unter uns wagen vielleicht die Frage, ob das auf die Dauer nicht auch langweilig werden könnte.

Shiva und Shakti haben denn auch nicht wirklich eine Beziehungsgeschichte miteinander. Wir erfahren nur, daß Shivas Herz ganz von Shakti erfüllt, daß er unermüdlich in seinen Liebesbeweisen war, daß er nur noch an sie denken konnte und sogar das höchste Wesen und die Versenkung über ihr vergaß. Wir erfahren, daß andererseits auch Shaktis Blick unverwandt am Antlitz von Shiva hing, während seine Augen auf ihr Gesicht gebannt waren, und hören – in poetischen Bildern –, daß »der unversiegliche Strom seiner Leidenschaft den Baum ihrer Liebe nährte« und »daß er seine Krone breitete in ihrer Vereinigung ohne Ende«. Hier wird nicht eine Beziehungsgeschichte geschildert, vielmehr das Ineinander-Versinken zweier Liebender. Jedes ist gebannt vom andern, jedes geht auf im andern.

Allerdings versucht Shakti zweimal, einen weiteren Beziehungsraum zu schaffen: Sie möchte ein Haus haben für den Sommer und eines zum Schutz vor Regen. Shiva lehnt diese Wünsche ab – für ihn sind es bereits kleine Trennungsangebote –, da er ihr »alles in allem« sein möchte. Wozu braucht sie da ein Haus?

Auffallend an dieser Götterliebe ist, daß jedes im anderen aufgehen kann, keines dabei sich aufgeben muß, weil beide dasselbe wollen, wenigstens vorerst. In den Wünschen Shaktis kündigt sich jedoch eine Abgrenzung von Shiva, eine Trennung an. Vorerst ist das Verschmelzen der beiden aber für keines von ihnen bedrohlich.

Die ewige Umarmung der beiden ist ein Bild für das Bedürfnis der Menschen, das Getrenntsein voneinander wirklich aufheben zu können: aufheben zu können, daß wir Einzelmenschen sind und uns auch für unser Einzelsein verantwortlich fühlen müssen. Dieses Sein als einzelne immer wieder zu überbrücken, zu überwinden, ist jedoch ein existentielles

Grundbedürfnis, das wir in der liebenden Vereinigung zwar befriedigen können, aber immer nur auf Zeit. Selbst die beiden göttlichen Partner haben Probleme mit der Abgrenzung voneinander, mit der Trennung. Um so mehr werden für die menschlichen Paare, deren Beziehungsideal der göttlichen Hochzeit von Shiva und Shakti entspricht, die Probleme der Trennung eines Tages stark in den Vordergrund treten: einmal als das Problem der Abgrenzung überhaupt (Wer bin ich, wer bist du? Was will ich, was will mein Schicksal von mir, auch in Beziehung zu dir?), dann aber auch als das Problem der Trennung überhaupt, sei es beim Verlust des Partners oder auch schon bei einer zeitweisen Distanzierung, die vielleicht notwendig wird.

Im Mythos von Shiva und Shakti ist es Shiva, der etwas mehr Angst vor der Trennung hat. Er reagiert schon auf die erste Trennung von Shakti, als sie nach der Begegnung mit ihm nochmals zu ihren Eltern zurückkehrt, mehr als stark, vertieft sich dann aber um so mehr in ihr Bild und erwirkt bei Brahma, daß er den Verbindungsprozeß zwischen ihnen vorantreibt; er will Shakti so schnell wie möglich wiederhaben, hält es ohne sie nicht aus. Im Zusammensein mit Shakti wird zunächst jeder ihrer Abgrenzungsversuche von ihm rückgängig gemacht. Shakti selbst ist etwas mehr abgegrenzt von ihm; sie geht dann auch als erste ihren eigenen Weg. Bevor wir uns aber dem Trennungsprozeß der beiden zuwenden, der in dieser Geschichte, in der die Liebe so total gelebt wird, natürlich ebenso total vollzogen werden muß, möchte ich Parallelen zu diesem Mythos bei heutigen Menschen aufzeigen.

Guy de Maupassant schreibt in seiner Novelle »Unbedacht«: »Wenn sie schliefen, träumten sie voneinander, wenn sie wach waren, dachten sie aneinander. Sie gehörten sich mit Seele und Leib und dürsteten nach einander, längst, ehe es ihnen zum Bewußtsein kam. Nach der Hochzeit hatten sie das Paradies auf Erden, anfangs in sinnlich zügellosem Rasen, dann in den glutvollen, wonnezärtlichen Berührungen, in Liebkosungen ohnegleichen, in immer neuen und immer kühneren Beweisen ihrer Leidenschaft. Jeder Blick war heißes Verlangen, jede Geste ein Nachklang glühender Nächte. Allmählich aber begannen sie, ohne es einzugestehen, sich zu langweilen.

Gewiß liebten sie sich noch! Aber es gab in dieser Liebe nichts Neues mehr . . .«[12]

Eine Beziehungsphantasie wird hier geschildert, wie sie in Shiva und Shakti vorgebildet ist, aber von Menschen gelebt und daher auch der Langeweile anheimgegeben. Abhilfe schafft in der Erzählung von Maupassant, daß der Mann seiner Frau Liebesgeschichten aus seinem Vorleben erzählt, daß also ein Akt des Sich-gegenseitig-Distanzierens, des Sich-voneinander-Unterscheidens und insofern auch des Trennens geschieht. In der Erzählung von Maupassant wird deutlich ausgesprochen, wie die innigste Liebe sich erschöpft, wenn nicht dem Gegenpol der Vereinigung, der Trennung, auch sein Recht zugesprochen wird und die zwei sich so innig liebenden und nur aufeinander bezogenen Menschen nicht auch einzelne Menschen sein können, mit eigenen Interessen, mit dem Bedürfnis nach Eigenleben.

Um die Angst vor der Trennung geht es auch bei dem anfangs erwähnten fünfunddreißigjährigen Künstler, der eine Beziehung dann vermeidet, wenn sie ihn so faszinieren könnte, daß sich eines Tages wieder trennen zu müssen für ihn zu einem unlösbaren Problem würde. Dazu kommt bei ihm auch die Angst, eine solche Faszination könne ihn so sehr in Beschlag nehmen, daß das für ihn nicht auszuhalten wäre, weil er sich dabei ganz und gar verlieren könnte. Seine Unfähigkeit, sich wieder in einen schöpferischen Prozeß hineinzubegeben, kann ähnlich gesehen werden: Was er als Liebesbeziehung sich wünscht und fürchtet, kann er intrapsychisch erleben, wenn er schöpferisch arbeitet. Und so wie ihn eine Liebesbeziehung zu sehr faszinieren könnte, könnte er die Faszination, die von einem schöpferischen Prozeß ausgeht, vielleicht auch nicht

Ganz für sich, abgeschieden in einem Hain, der wie eine Insel dargestellt ist, verkörpert das Götterpaar Krishna und Radha das Beziehungsideal des einander ganz Gehörens, aber auch des einander ganz Genügens, wie es auch das Paar Shiva und Shakti exemplarisch darstellt.
Mit dem grünenden, blühenden Hain ist das Frühlingshafte dieser Liebe anschaulich gemacht und der Zusammenhang dieses Beziehungsmusters mit dem naturhaften Wachstum.
Die lichten gelben Gewänder von Krishna und Radha machen zugleich deutlich, daß es in dieser Liebesverbindung über das naturhaft Treibende und Gewachsene hinaus um Erleuchtung durch den Eros geht.

Die Hindugottheiten Krishna und Radha in einem Hain.
Victoria und Albert Museum, London.

aushalten, oder er meint jedenfalls, sie nicht aushalten zu können. Ob er diese Faszination wirklich aushalten könnte oder nicht, hängt jedoch auch von seiner Ich-Struktur ab. Es gibt Menschen, die, wenn sie einem anderen ganz gehören, auch sich selbst ganz verlieren und damit zu sehr vom Partner abhängig werden.

Ein weiteres Beispiel für eine Shiva-Shakti-Konstellation bietet die Beziehung eines Ehepaares zwischen dreißig und vierzig, das sich als sehr modern und aufgeklärt empfindet. Sie wissen etwas über die »überforderte Zweierbeziehung«[13] und haben demgemäß miteinander besprochen, daß sie einander keine Liebe, die sich in ihrem Leben ergeben würde, einfach verbieten wollten; sie würden allerdings auch keine Liebe mutwillig vom Zaune brechen. Sie hatten dabei aber abgemacht, daß ihre Beziehung unter allen Umständen eine ganz besondere Beziehung bleiben müsse. Da trifft der Mann eine Frau, die ihn sehr anregt und ihn plötzlich dazu bringt, eigene brachliegende schöpferische Potenzen zu gebrauchen. Er erzählt seiner Frau ganz offen davon. Sie reagiert mit Vorwürfen, Anschuldigungen, Verdächtigungen. Er weiß sich nicht zu rechtfertigen; auf erotischem Gebiet ist nichts vorgefallen, weshalb er sich hätte Vorwürfe machen müssen. Aber seine Frau glaubt ihm nicht. Sie fühlt sich entwertet. Von Selbstzweifeln geplagt, äußert sie: »Ich bringe dir als Frau nicht genug, ich bringe dir das nicht in unsere Ehe, was du brauchst.« Alle vorherigen Überlegungen dieses Paars über die »überforderte Zweierbeziehung« waren nun nichts mehr wert, wobei es doch gerade darum gegangen war, daß ja niemals ein Partner einem andern alles sein und geben könne, was er braucht. Jene inspirierende Frau wurde dann immerhin als gemeinsame Freundin in die Familie aufgenommen und sehr geschätzt.

Einige Zeit später las nun die Ehefrau ein Buch von Erich Fromm. Sie war von ihm sehr fasziniert, belebt, interessiert und begann, oft über ihn zu sprechen, überlegte sich auch, was für ein Mensch Fromm gewesen sein könnte. Nun reagierte der Mann, indem er Fromm zu kritisieren begann, ohne ihn wirklich zu kennen, er führte alle möglichen und unmöglichen Gründe gegen ihn an. Eines Tages »entwaffnete« ihn die Frau, indem sie sagte: »Du wirst doch nicht auf ein Buch eifersüchtig sein.« Natürlich wollte er das nicht, aber schlagartig wurde ihm klar, daß er tatsächlich mit Fromm rivalisierte.

Bei diesen alltäglichen Vorkommnissen wird deutlich, daß dieses Paar, das sich bewußt ein Ideal des partnerschaftlichen Miteinanders gewählt hatte, im Hintergrund eine Beziehungsphantasie und einen Beziehungsanspruch des »Einander-alles-Seins« nährte, ohne sich dessen bewußt zu sein. In diesem Einander-alles-sein-Wollen stecken die Hoffnung und die Vision, in dieser Art des Miteinanderseins ein Gefühl des Ganzseins erreichen zu können, eines Ganzseins, das wir wohl nur dann erleben, wenn wir Bilder wie Shiva und Shakti intrapsychisch als Verbindung eigener seelischer Möglichkeiten erfahren.

Bei diesem Paar bedeutete das partielle Sich-Wegwenden vom Partner, so harmlos es auch war, daß die Beziehungsphantasie des Einander-ganz-Gehörens in Gefahr geriet, damit aber auch das Gefühl der Ganzheit überhaupt; das aber bedeutet für beide ein Gefühl von Verlassenheit, ein Aushalten-Müssen von Angst und die Notwendigkeit, wieder von Grund auf neu auf die Suche nach Ganzheit gehen zu müssen. Man macht es sich vielleicht etwas zu einfach, wenn man dem Partner neu eingegangene Außenbeziehungen vorwirft, statt sich zu fragen, was eine solche Situation für die Beziehung selbst bedeutet und was sie dem einzelnen Partner an neuen Entwicklungsschritten abverlangt.

Unsere Ganzheit durch eine Partnerschaft zu verwirklichen, das gelingt immer nur in Sternstunden, danach aber wird das Bemühen um Ganzheit wieder die ureigene Aufgabe eines jeden. Ganzheit ist eine unerzwingbare Gabe, wird aber immer wieder angeregt durch den Partner, gerade auch durch die Situationen, in denen wir uns von ihm »getrennt« vorkommen und uns bewußt wird, daß sie einem nie vom anderen »geschenkt« werden kann. Sich nicht voneinander trennen zu wollen – im weitesten Sinn verstanden – kann also auch bedeuten, daß man eine Phantasie der Ganzheit, die man mit der Partnerschaft verbindet, noch nicht aufgeben will, auch nicht in dem Sinne, daß man sie als eigene Aufgabe übernähme.

Es scheint mir wichtig für Paare, deren bewußte Beziehungsphantasie eine sehr partnerschaftliche ist, zumindest in

Erwägung zu ziehen, ob nicht auch eine Phantasie vom Typus Shiva–Shakti bei ihnen mit im Spiel ist. Die bewußte Beziehungsphantasie eines Paares wäre also immer auch neben jene unbewußtere Phantasie des »Einander-ganz-Gehörens« zu halten, und entstehende Probleme wären auch daraufhin zu prüfen, ob sie nicht von dieser geheimen Wunschvorstellung mitverursacht sind. Ganz praktisch heißt das auch, daß jedes Sich-Trennen, nicht nur die endgültige Trennung oder Scheidung, sondern auch das alltägliche, kleine, immer wieder geschehende Sich-Trennen, erlebt und bedacht werden müßte und schmerzhafte Gefühle dabei nicht einfach in Vorwürfe, Verbote oder Bedingungen umgemünzt werden dürften, sondern eben als Zeichen ernst zu nehmen wären, daß keiner von beiden die eigene Ganzheit einfach nur vom Partner erwarten kann. Denn wo immer eine Shiva-Shakti-Beziehungsphantasie mitspielt, wird zugleich das Thema der Trennung wichtig.

An einem nächsten Beispiel möchte ich zeigen, was es heißen könnte, Shiva und Shakti als Paar in der eigenen Psyche zu sehen und zu erleben, sie als intrapsychische Bilder wahrzunehmen.

Ein dreiundvierzigjähriger Mann sagte von sich selber, er befinde sich auf einer »Desillusionierungsstrecke«. Darunter verstand er, daß er nun endlich die Dinge so klar wie möglich sehen wolle, wie sie sind, nicht wie er sie haben möchte. Er fand, in seinem Alter müsse er endlich einmal aufhören, die Welt nach seinen eigenen Wünschen umzufärben. Auch in seiner Ehe war er bemüht, die Idealisierungen abzubauen und es auch zu ertragen, ja geradezu herauszufordern, daß seine Frau ihn nicht mehr idealisierte. Er träumte: »Ich betrachte eine Skulptur von Shiva und Shakti. Die beiden kommen mir in ihrem Zusammenspiel perfekt vor, auch die Raumverteilung stimmt, jedes nimmt genau den richtigen Raum gegenüber dem andern ein. Ich schaue die Skulptur sehr fasziniert an. Die Figuren treten aus dem Rahmen heraus, beginnen, Fleisch und Blut zu werden, und tanzen vor mir. Mich packt diese Harmonie, diese Schönheit, diese Ganzheit; ich bin betroffen und berührt. Sie verschwinden wieder ganz leise. Ich erwache mit dem Gefühl zu wissen, was Ganzheit ist, und mit dem Schmerz, sie schon wieder verloren zu haben. Dieses

Gefühl hat mich tagelang begleitet, das Gefühl von Ganzheit und Sehnsucht danach. Ich kann es jederzeit wieder abrufen, ich kann mich ganz in dieses Gefühl hineinbegeben, mich von ihm ergreifen lassen. Ich weiß auch, daß so etwas nicht in der Projektion zu leben ist. Ich muß wohl dieses Gefühl suchen, aufsuchen, wo immer ich es finden kann.«

Dieser Traum deutet sich selbst und bringt stark zum Ausdruck, wie diese Bilder und das damit verbundene Lebensgefühl von Shiva und Shakti Gefühle der Ganzheit in einem Menschen wecken können, wenn sie als eigene psychische Inhalte erlebt werden. Der Träumer äußert zugleich seinen Schmerz darüber, daß dieses Erlebnis nicht einfach anhält: Gefühle der Ganzheit sind nicht Gefühle, die uns ständig begleiten, sie kommen und gehen, und es ist schon wichtig, zu wissen, daß sie ihren Rhythmus haben, aber vielleicht auch, daß Leben nicht einfach heißt, im Gleichgewicht zu sein, sosehr wir uns auch immer wieder um Gleichgewicht bemühen.

Die Sehnsucht nach der sprachlosen Liebe

Eine Faszination durch die Beziehungsphantasie Shiva und Shakti scheint mir auch in der Sehnsucht nach sprachloser Liebe[14], der Liebe, die keine Worte braucht, verborgen zu sein. Sie ist eng verbunden mit der Sehnsucht nach einem Liebeserlebnis mit einem fremden, wunderbaren Menschen, den man verbal gar nicht verstehen muß, der vielleicht von einem anderen Planeten kommt und für den man auch die wunderschöne, geheimnisvolle Fremde bleibt, wobei das Eigenbild in der Beziehungsphantasie also auch das der oder des geheimnisvollen, unbekannten Fremden ist, ein faszinierendes Bild, das nach Entdeckung und Erkundung, aber auch nach Liebe ruft.

Eine sehr häufige Phantasie in dieser Richtung ist die, daß man phantasiert, in eine fremde Stadt in einem geheimnisvollen Land zu kommen, einen Menschen zu treffen, auf einen Blick sozusagen von ihm fasziniert und ergriffen zu sein, wobei diesem Menschen seinerseits genau dasselbe wie einem selbst widerfährt, wenn möglich an Intensität und Verlangen noch etwas stärker, so daß man – ohne Worte, weil man keinesfalls dieselbe Sprache sprechen müßte – übereinkommt, sich zu lieben, und daß diese Liebe ein Erlebnis der Seligkeit ist – Zwiesprache der Körper ohne störende Sprache –, umhüllt vom Zauber des Geheimnisvollen. Hier brechen diese Phantasien dann meistens ab, weil sie hier abbrechen müssen: Das Geheimnisvolle würde ja von nun an auch etwas vertrauter, und diese Situation des Unbekannten könnte sich nicht wiederholen. Eine solche Phantasie erwähnt auch Leisi in »Paar und Sprache«[15]. Er gebraucht die Ausdrücke »stumme Liebe« und »sprachlose Liebe«.

In dieser Phantasie der sprachlosen Liebe drückt sich die Sehnsucht aus, einfach verstanden zu werden, ohne daß man sprechen muß. Dieser Wunsch spielt in vielen Beziehungen eine große Rolle, wird doch das Ausmaß der Liebe daran gemessen, wie viele der eigenen Wünsche der Partner eben errät oder einem von den Augen abliest, ohne daß sie geäußert werden. Dabei gehen manchmal die Hoffnungen so weit, daß der Partner auch die Wünsche erraten soll, die man selbst noch nicht einmal verspürt.

Dieser Wunsch ist getragen von der Vorstellung, die ja an sich nicht unrichtig ist, daß Liebe sehend mache. Dabei wird aber die Liebe sehr strapaziert, und es wird auch nicht klar gesehen, daß Liebe zwar für Entwicklungsmöglichkeiten oft eine gewisse Hellsichtigkeit besitzt, daß sie aber, um alltägliche Wünsche und Bedürfnisse zu erkennen, durchaus unserer Sprache bedarf. Allerdings kann man für die nicht geäußerten Wünsche immer den Partner verantwortlich machen, wenn er sie sieht ebenso wie wenn er sie übersehen sollte. In diesem Wunsch nach Verstandenwerden ohne Worte scheint mir auch die Sehnsucht nach der göttlichen Liebe verborgen zu sein, eine Beziehungsphantasie im Stile Shivas und Shaktis, nach einem Verbundensein, das keiner Worte bedarf, denn Worte haben ja immer auch etwas Trennendes, können Mißverständnisse hervorrufen, können zeigen, daß man sich in Wünschen und Ansichten gar nicht so einig ist, wie man eigentlich sein möchte oder wie man sich vormacht. In der sprachlosen Liebe fällt das Trennende, das Sprache haben kann, weg. Auch wird der Aspekt der Kommunikation der Körper sehr viel stärker in den Vordergrund gerückt, dabei aber auch ein Aspekt des Einander-unverstellt-Gegenübertretens.

Gerade wenn das Bild des oder der geheimnisvollen Fremden stark die Phantasie bestimmt, ist die Sehnsucht nach dem ganz anderen – und Sprache ist ja alltäglich – darin mit enthalten. Dieser geheimnisvolle Fremde und die so geheimnisvolle Fremde können dann als Sehnsucht nach etwas geheimnisvoll Fremdem in unserer eigenen Seele gesehen werden, dem unser Fernweh gilt und das nicht zu schnell in unsere gewohnte Sprache eingebunden werden darf, weil es sonst zu rasch wieder in das Gewohnte eingegliedert würde.

Beide Aspekte, das Vermeiden des Trennenden, das sich auch darin ausdrückt, daß eine Beziehung gar nicht in Erwägung gezogen wird, weil sie immer auch aus vielen Trennungserlebnissen besteht, und die Sehnsucht nach dem ganz Fremden, das wir ja gerne als das Göttliche sehen, scheinen mir in der Phantasie der sprachlosen Liebe ausgedrückt zu sein.

Diese sprachlose Liebe wird von Max Frisch in seinem Stück »Als der Krieg zu Ende ging« geschildert. Ihm geht es darum, zu beschreiben, daß eine Liebe, bei der man den Partner verbal nicht verstehen kann, »ohne Angst und ohne Verstellung« gelebt werden könne, daß man also sich selber viel näher sein könne, viel weniger Trennendes aufgebaut werde. Dahinter sehe ich eine Beziehungsphantasie Shiva–Shakti als Ideal, das man natürlich nie erreichen kann. Frisch stellt dabei einerseits eine »normale« Beziehung dar, die Agnes zu ihrem im Keller versteckten Mann pflegt und die in dieser Phase sehr geprägt ist von der Frage: Was sagt man sich, wenn man so lange voneinander getrennt war, was verschweigt man, was kann man sich gar nicht sagen? – und konfrontiert sie mit einer Beziehung zu einem in ihren Räumen einquartierten russischen Oberst, den sie jeden Abend besucht, mit dem sie eine Liebesbeziehung eingeht und der für sie der außergewöhnliche Mann ist, mit dem sie sich ohne Worte versteht. Frisch läßt Agnes sagen: »Wenn du nicht gekommen wärest, Stepan, ich wüßte nicht, daß es das gibt: daß ich sein kann wie zu dir, so ohne Angst und Verstellung, *so wirklich, so ganz und gar!* Spürst du das? Ich sage dir, was ich nie einem Menschen habe sagen können: du hörst es, Stepan, und es bleibt doch alles ein Geheimnis. Siehst du, auch ich weiß nicht, wer du bist. Nur daß wir einander lieben. Und dann bist du einfach da: Du bist alles, was ich mir denken kann. Womit habe ich das verdient! . . . Und dann, weißt du, daß nie eine Lüge zwischen uns ist.«[16]

Keine Angst, keine Verstellung, keine Lüge, wirklich sein, ganz und gar – das ist es, was Agnes neu erlebt in dieser Liebe. Aber der russische Oberst geht weg, als der Mann der Agnes in die Idylle einbricht. Auch hier: Die sprachlose Liebe ist nur für eine kurze Zeit lebbar. In diesem Text wird die totale, ideale Liebe mit der Liebe zwischen dem geheimnisvollen Fremden und der ebenso geheimnisvollen Fremden verbunden und als das Erlebnis einer echten, tiefen Hingabe an die Liebe verstanden, aus der die Welt des Alltäglichen fast gänzlich ausgeschlossen bleibt.

Die Trennung als Problem

In der Beziehungsphantasie, wie sie uns der Mythos von Shiva und Shakti nahelegt, gibt es das Gefühl des Einander-alles-Bedeutens, aber auch des Einander-ganz-Genügens, wird das Gefühl der Ganzheit durch die Liebe zum Partner sehr intensiv erlebt. In diesem Zeichen stehen Beziehungen, die andere Menschen ausschließen, weil sie nur stören könnten, und diese Liebenden werden denn auch oft von der Mitwelt ausgeschlossen. Das Sich-Trennen, die Notwendigkeit, diese ewige Umarmung auch ab und zu zu lockern, wird als Verlust von Ganzheit und Geborgenheit erlebt, man will sie also vermeiden und schließt sich dadurch immer mehr von der Außenwelt ab.

Das Problem der Trennung, der notwendigen Trennung, kennt auch der Mythos. Die Shiva-Shakti-Geschichte wird weitererzählt, und Trennung steht da im Zusammenhang mit dem Ausgeschlossenwerden von der Welt: Daksha, der weltliche Vater von Shakti, wollte ein großes Opferfest gestalten – für das Heil aller Wesen. So wurden alle von ihm eingeladen, nur Shiva und Shakti nicht. Shiva war in seinen Augen der Teilnahme an diesem Fest nicht würdig, weil er in seinen Händen eine Schädelschale – Zeichen seines zerstörerischen, auflösenden Aspekts – trug; Shakti als sein Weib galt als mitbefleckt von seinem Makel.

Als eine Schwester der Shakti den beiden von dem Opferfest erzählte und fragte, warum denn gerade sie beide nicht eingeladen wären, wurde Shakti plötzlich so wütend über ihren Vater, daß sie ihn auf der Stelle mit einem Fluch in Asche verwandeln wollte; dann besann sie sich darauf, mit ihm ausgemacht zu haben, daß sie aus ihrem Leib und Leben scheiden wolle, wenn er es einmal ihr gegenüber an Ehrfurcht mangeln ließe. So versank sie in ihre Urgestalt, sagte sich aber, daß der Zweck, weshalb sie die Gattin Shivas geworden, noch nicht erreicht sei, da Shiva noch keinen Sohn mit ihr habe. Sie wollte aber ihr Versprechen halten, so beschloß sie zu sterben und dann wiederzukommen als Kind Menekas, der Gattin des Himalaya, und dann wollte sie noch einmal Shivas Gattin werden und ihm einen Sohn gebären. So träumte sie »in sich hinein«. Da überkam sie wieder eine Wut, »sie schloß alle neun Tore der Sinne und des Leibes in Yoga, hielt den Atem an und zersprengte ihren Leib«.

Die Trennungsimpulse gingen in diesem Mythos schon immer von Shakti aus. Jetzt hat sie einen Grund gefunden, sich von Shiva zu trennen, etwas gewaltsam, wie mir scheint, denn sie verläßt dieses Leben und diese Beziehungsform zu Shiva wegen der Kränkung, daß sie ausgeschlossen worden ist, wegen einer Idee, wegen eines Versprechens. Oder geht sie doch, weil die Beziehung in dieser Form nicht mehr lebbar ist? Allerdings entscheidet sie sich auch schon, wie und in welcher Gestalt sie wiederkommen will. Interessant dabei ist, daß in dieser ewigen Umarmung keine Gelegenheit war, ein Kind zu bekommen; die ewige Umarmung ist also auch im symbolischen Sinn nicht fruchtbar. Bei Shaktis radikalem Trennungsakt, ihrem freiwilligen Sterben, ist zu bedenken, daß die indische Philosophie den Tod weit weniger endgültig sieht, als wir ihn sehen – man geht aus einer Gestalt und kommt in einer andern Gestalt wieder, genau so, wie es in Shaktis Überlegung ausgedrückt ist, als Tochter Menekas wieder auf die Welt zu kommen.

Trotzdem durchleidet Shiva, als er vom Tode seiner Gattin erfährt, einen Trauerprozeß, wie er intensiver kaum sein könnte: Nach der großen Liebe muß er die große Trennung verarbeiten. Dieser Mythos lehrt am Beispiel von Shiva auch, welche Prozesse wir durchleiden müssen, um einen Verlust zu verarbeiten und zu überstehen.

Shiva hatte seine Andacht beendet und ritt auf seinem

weißen Stier Nandi nach Hause, da fand er Shakti tot am Boden liegen. »Aber seine Liebe glaubte dem Augenschein nicht. Er streichelte sie immer wieder und fragte: ›Was schläfst du? Wovon bist du eingeschlafen?‹« – Die erste Reaktion auf Shaktis Tod ist bei Shiva die, daß er ihren Tod nicht wahrhaben, ihn nicht zur Kenntnis nehmen will, ihn auch verharmlost als Schlaf, aus dem Shakti ja wieder aufwachen könnte.

Dieser ersten Phase des Nicht-wahrhaben-Wollens[17] im Trauerprozeß folgt bei Shiva die Phase der aufbrechenden chaotischen Emotionen, die der Mythos so beschreibt: Als Shaktis Schwester Shiva erzählt hat, was geschehen ist, erhebt er sich in seiner glühenden Emotion als allverschlingendes Feuer. Aus Augen, Ohren, Nase und Mund schießen ihm Feuerflammen, Meteore sausen aus ihm heraus. So glühend vor Wut nähert er sich Dakshas Opferplatz. Es packt ihn maßlose Wut, als er die zum Opferfest Versammelten sieht. Aus seinem Zorn heraus schickt er Virabhadra aus, den löwengesichtigen »Herrn seiner Scharen«, der verwüstend in den heiligen Bezirk einbricht. Dieser Virabhadra ist als Personifikation seines, Shivas, rasenden Zorns zu verstehen.

Vishnu selbst kämpft mit Virabhadra in einem furchtbaren Kampf – erst als Vishnu Virabhadra zur Erde schleudert, greift Shiva selbst in den Kampf ein – mit zornroten Augen. Vishnu wird unsichtbar und verschwindet. Am Opferplatz verbrennt er das Feuer zu Asche, das Opfer selber aber verwandelt sich in eine Gazelle, die Shiva nun einfangen will. Er setzt ihr nach, da findet er sich plötzlich wieder vor Shaktis Leiche.

Zorn, Wut und Rachegedanken erfassen Shiva, wie auch menschliche Trauernde von Wut, Zorn und Rachegedanken ergriffen werden können angesichts des Verlusts eines nahen Menschen. Vor lauter Zorn vergißt Shiva die Verstorbene, und erst seine Beziehung zu dem Opfer bringt ihn wieder zur Leiche von Shakti zurück, emotionell zu seinem Schmerz: Er vergißt das Opfer und beginnt zu klagen. »Grausamer Schmerz überwältigte ihn, und er brach in wildes Schluchzen aus wie ein gewöhnlicher Sterblicher.«

Der Liebesgott hört ihn klagen und naht sich ihm mit seiner Liebeslust und dem Frühling, er trifft ihn mit allen fünf Pfeilen ins Herz »und richtete ein völliges Wirrsal der Gefühle« in ihm an: »Obwohl von Trauer überwältigt, ward Shiva vor Liebesverlangen rasend, leidüberschwemmt gebarte er sich liebestoll. Von den widersprechenden Empfindungen zerrissen, begann er zu rasen, bald warf er sich zu Boden, bald raffte er sich auf und stürzte davon, bald hockte er sich bei Shaktis Leiche nieder und starrte sie gedankenverloren an.«[18] Nicht genug, daß Shiva von Wut, Zorn und Schmerz überwältigt ist, auch die Gefühle der Liebe zu der verstorbenen Shakti brechen erneut auf und machen ihn vollends hilflos; bald tobt er, bald scheint er gefühllos bei der Leiche zu sein, er ist von »widersprechenden Empfindungen zerrissen«, wie es jeder menschliche Trauernde in dieser Phase auch ist.

Als Brahma Shivas heiße Tränen sieht, werden er und die Götter sehr angstvoll: Wenn diese Tränen auf die Erde fielen, könnten sie alles verbrennen, so fürchten die Götter. Sie rufen den Planeten Saturn zu Hilfe, er vermag aber die Glut auch nicht aufzufangen, sondern schleudert sie auf den fernsten Berg der Welt. Der vermag die Tränen aber nicht aufzuhalten, sondern birst, und die Glut dringt unten ins Meer und wird zum »Strom ohne Überfahrt« – er umgürtet das Reich des Totengottes.

Dieser Mythos, der ja ein Schöpfungsmythos ist, hat nicht nur die Entstehung der Welt durch die Liebe zu seinem Gegenstand, sondern ebensosehr die Entstehung des Todes; Liebe und Tod sind recht eigentlich seine Themen.

So folgt jetzt für Shiva eine Phase der schrittweisen Loslösung von der Verstorbenen, eine Phase, die ich in einem menschlichen Trauerprozeß als Phase des Suchens, Findens und Sich-Trennens beschrieben habe[19]. Shiva nimmt den Leichnam von Shakti auf die Schultern, und wahnsinnig vor Schmerz läuft er damit gegen Osten. Wenn er schon die lebendige Shakti nicht mehr lieben kann, dann will er sich doch von der Toten nicht trennen. Wir kennen das aus jedem Trauerprozeß, bei dem der Trauernde den Verlorenen, nachdem er ihn überall »gesucht« hat, wiederfindet und nun mit ihm weiterleben will, wenn auch auf andere Weise: mit den Erinnerungen an ihn, statt mit einem lebendigen Menschen. Aber auch von dieser Phase muß man Abschied nehmen, auch von den Erinnerungen an den Verstorbenen, weil man sonst der Welt der Lebenden verlorengeht.

Das wußten im Mythos die Götter. Sie sorgten sich darum, daß, solange Shiva in Berührung mit Shakti wäre, diese nie zerfallen würde, also der ewige Prozeß des »Stirb und Werde«, des Todes und der Wiedergeburt, der ewigen Wandlung alles Lebens aufgehalten werden würde. So stahlen sich Brahma, Vishnu und Saturn in den Leib der Shakti ein und ließen Stück um Stück davon auf den Boden fallen; überall aber, wo ein Glied der Göttin auf den Boden fiel, wurde sie unter einem anderen Namen verehrt.

Hier wird gezeigt, wie Shiva sich schrittweise von Shakti lösen muß, nicht freiwillig, er wird ihrer vielmehr – durch die Macht der Götter oder durch das Wesen des Schicksals, das die ewige Wandlung kennt – beraubt. Der Mythos zeigt dieses Motiv des Zerstückelns, das offenbar notwendig ist, damit der Lebensprozeß weitergehen kann: Jedes ihrer Glieder wird zum Andenken an die Göttin, läßt sie im Leben der Sterblichen weiterhin eine Rolle spielen. Für Shiva, der diesen Wandlungsprozeß durchmacht, dürften Gefühle des Zerfallens seines Gedenkens an die Verstorbene, aber auch des eigenen Zerstückeltwerdens durch diesen Prozeß vorherrschend sein. Wo ihr Kopf dann zu Boden fiel, blieb Shiva stehen und betrachtete den Vorgang, von Schmerz überwältigt. Auch wenn dieser Prozeß im Dienste des Lebens steht, ist er für den, der ihn durchsteht, furchtbar. Die Götter näherten sich denn auch Shiva und wollten ihn trösten. Als »er sie nahen sah, überwältigten ihn Schmerz und Scham. Vor ihren Augen ward er zu Stein und erstarrte in seinem Liebeswahn und -schmerz zu einem großen Lingam.«[20]

Wie viele Trauernde schämt sich jetzt Shiva auch noch seines Schmerzes – und erstarrt. Der Lingam ist in der indischen Religion das Symbol der Zeugungskraft. In seinem Erstarren wird Shiva nun doch zu seinem eigensten Wesen, nämlich zu dem Symbol eines schöpferischen, zeugenden Gottes. Ist das ein Hinweis darauf, daß wir auch dann, wenn wir vor Schmerz und Scham erstarren, vielleicht gerade dann, auf unser ureigenstes Wesen zurückgeworfen werden und es dann auch sehr wichtig ist, uns darauf zu besinnen[21]?

Die Götter bitten in dieser Phase Shiva, seinen Schmerz nun fahren zu lassen und sich wieder auf sich selbst als das höchste Wesen zu besinnen. Beide Anliegen der Götter scheinen mir wesentlich zu sein: Bei jedem Trauerprozeß kommt die Zeit, in der man auch den Schmerz opfern muß. Manchmal wird geradezu der Schmerz an die Stelle des verstorbenen Menschen gesetzt. Um weiterleben zu können, muß auch der Schmerz losgelassen werden. Den Schmerz können wir aber nur opfern – und das Wort Opfer ist hier sehr bewußt gewählt –, wenn wir uns zuvor auf uns selbst besinnen. Wenn Shiva sich auf sich als das höchste Wesen besinnen muß, dann müssen wir uns vielleicht auf unsere ganz spezielle Möglichkeit in diesem Leben besinnen, auf die Verwirklichung dessen, was in uns angelegt ist, in jedem von uns – auf unsere Lebensaufgabe.

Aber Shiva kann sich nicht gleich auf sein »höchstes Wesen« besinnen. Er braucht noch den Zuspruch Brahmas, der ihm immer wieder rät, seinen Schmerz und seine Wut fahren zu lassen, und ihn auch wissen läßt, daß er Shakti dann in veränderter Gestalt wiederbekommen soll. Shiva bittet Brahma, ihn zu begleiten, bis er aus seinem Schmerz auftauchen könne – ein Hinweis darauf, daß auch wir sterblichen Trauernden einen Begleiter brauchen, bis wir den Schmerz fahren lassen können. Shiva wird von Brahma von der Stätte seines Verlusts weggeführt, hinauf zu den Gipfeln des Himalaja. Sie gelangen zu einem kleinen See der Einsamkeit. An den Wassern dieses Sees kann sich Shiva wieder sammeln, und er verweilt da in der Versenkung, bis die Göttin als Parvati, Tochter des Bergkönigs Himalaya und dessen Gattin Meneka, ihn aus seiner Einsamkeit holt und sie wiederum miteinander leben.

In dieser neuen Lebensform bekommen dann Shiva und Shakti nach Shaktis Voraussage miteinander einen Sohn. Vielleicht kann man dies auch so verstehen, daß erst dann, wenn das Geheimnis der Liebe angesichts des Todes erkannt und durchgehalten wird, wenn Liebe *und* Trennung durchlebt sind, die Liebe wirklich schöpferisch werden kann. Der Mythos lehrt, daß nichts bleiben kann, wie es ist und wie wir es uns in Stunden größter Liebe und Vertrautheit mit einem Menschen wünschen. Der Mythos legt nahe, daß gerade dann, wenn man einander gehören möchte, wenn man eine ganz und gar sich selbst genügende Beziehung hat, das Sich-Trennen zu einem wesentlichen Problem wird. Was Shiva durchmacht, zeigt in eindrücklichen Bildern einen Trauerprozeß, wie er treffender kaum beschrieben werden kann. Doch nicht nur beim endgültigen Verlust, beim Tod eines geliebten Menschen, sondern bei jeder Trennung, und sei sie auch »nur« eine Trennungsphase innerhalb einer Beziehung, können Liebende von einer solchen Trauer überfallen werden.

Es ist wichtig, diese Phasen des Trauerns zu kennen und sie durchzustehen – als etwas, das auch zur Liebe gehört. Sonst bliebe nur der Versuch, die immer wieder notwendigen Trennungen, die eine Beziehung ja auch bereichern, rückgängig zu machen und damit das Stirb und Werde zu hindern, bis dann meistens die große Trennung gesucht werden muß, damit sich jeder Partner wieder mehr auf sich selbst und seinen Lebensauftrag besinnen kann.

Aber auch wenn wir eine Shiva-Shakti-Faszination als intrapsychischen Prozeß begreifen, sagt uns dieser Mythos, daß wir sogar die Faszination des Erlebens eigener Ganzheit immer wieder loslassen müssen.

Im Paar Shiva-Shakti drückt sich eine Grundidee menschlicher Liebe aus: das damit verbundene Gefühl von Ganzheit, aber auch die Notwendigkeit und der Schmerz, sich immer wieder trennen zu müssen, immer wieder auch als einzelner Mensch leben zu müssen, immer wieder eine erreichte Ganzheit loslassen zu müssen. Durch das Durchstehen des Trauerprozesses, der nicht vom Erlebnis der Liebe zu trennen ist, wird jeder wieder auf sich selbst zurückgeworfen und kann aus einem neuen Selbstverständnis, aus einer neuen Besinnung auf sich selbst heraus sich wiederum um so fruchtbarer von der Liebe ergreifen lassen.

Weil sich in Shiva–Shakti eine Grundidee menschlicher Liebe ausdrückt – samt dem Trennungsprozeß –, scheint es mir sinnvoll, diesen Mythos als Grundphantasie jeder Beziehung zu beachten, gerade auch dann, wenn wir bewußt sehr andere Ideale anstreben.

Wie aber geht man im Alltag mit einer solchen Faszination um? Das Paar, das eine partnerschaftliche Beziehung aufbauen wollte und erst durch Eifersuchtsszenen darauf kam, daß seiner Beziehung eigentlich eine andere Phantasie zugrunde liege, mußte erkennen, daß zwischen dem Ideal (der Shiva-Shakti-Phantasie) und ihrer bewußten Überzeugung

(Partnerschaft) ein großer Unterschied bestand. Darüber kann man nur traurig sein, sollte sich aber auch fragen, ob man sich vielleicht eine zu »moderne« Beziehungsphantasie als lebbar vorgestellt hat. Das Dilemma zwischen dem Ideal und der Beziehungsrealität ist nicht zu lösen, die Beziehungsrealität kann nur immer wieder gegen das Ideal gehalten werden; aus den Problemen, die sich ergeben, kann überhaupt erst erschlossen werden, welches Ideal bei beiden Partnern oder bei den einzelnen Partnern im Hintergrund angestrebt wird.

Die beiden mußten lernen, daß Eifersucht durchaus ein Thema ihrer Beziehung war – und nicht etwa keines, wie sie es sich vorgenommen hatten. Sie mußten lernen, daß Eifersucht nicht bloß Ausdruck des Habenwollens ist und dafür, daß man seinen Partner nicht loslassen kann; daß sie auch nicht nur bedeutet, daß man ihm nichts gönnt, sondern daß Eifersucht auch das Zeichen dafür sein kann, daß der Eifersüchtige jetzt innerhalb seiner Beziehung zu kurz kommt, daß die Beziehung in Gefahr ist. Ich spreche natürlich nicht von den Menschen, die so eifersüchtig sind, daß sie jeden Schritt des Partners mit Argwohn betrachten, ihn wirklich für sich ganz allein haben wollen, und die weder gelernt haben, auch einmal allein zu sein, noch zu trauern, noch zu vertrauen auf eine neue Annäherungsmöglichkeit innerhalb einer bestehenden Beziehung.

Das Paar mußte lernen, daß in jedem Leben Anregungen von außen neue Impulse bringen können, Impulse, sich selbst zu verwirklichen, neue Aspekte des Lebens miteinzubeziehen, und daß diese Impulse wirklich nicht alle vom Partner kommen müssen und können, auch wenn es natürlich schmeichelhaft für den eigenen Selbstwert wäre, wenn man für einen Menschen wirklich alles sein könnte. Aber gerade diese neuen Impulse, die auch von außen, von neuen Kontaktpersonen, kommen, bereichern eine Beziehung, wandeln sie zu neuer Intensität, wenn sie nicht abgewehrt werden müssen.

Aber nicht immer ist es so einfach, sich von seinen Idealen zu trennen, zu trauern und sich auf neue Impulse einzulassen. Am Beispiel des fünfunddreißigjährigen Mannes, der keine ihn faszinierende Beziehung eingehen wollte, möchte ich eine andere Auseinandersetzung mit dem Ideal einer Shiva-Shakti-Beziehung zeigen.

Anmerkungen

1 Zimmer, H., Abenteuer und Fahrten der Seele. Vier Episoden aus den Sagen um die Göttin, Köln 1977, S. 250–304
2 Zimmer, S. 251
3 Zimmer, S. 252
4 Zimmer, S. 253
5 Zimmer, S. 254
6 Zimmer, S. 262
7 Zimmer, S. 263
8 Zimmer, S. 272
9 Zimmer, S. 273
10 Zimmer, S. 278–280
11 Zimmer, S. 283
12 Maupassant, Guy de, Novellen in zwei Bänden. Aus dem Französischen von H. Bartuschek und Karl Friese, München 1973 und 1982
13 Hohler, A. E., Wozu das alles?, Zürich 1980
14 Leisi, E., Paar und Sprache
15 Leisi, S. 14
16 Frisch, M., Gesammelte Werke in zeitlicher Folge. Werkausgabe, 6 Bände, Frankfurt 1976
17 Kast, V., Trauern. Phasen und Chancen des psychischen Prozesses, Stuttgart 1983, S. 61
18 Zimmer, a.a.O., S. 301
19 Kast, a.a.O., S. 67
20 Zimmer, a.a.O., S. 304
21 Kast, a.a.O., S. 71

Pygmalion – ein Zwischenspiel

Von der Sehnsucht, sich einen Partner nach seinem Bilde zu formen

Vermögt ihr Götter alles zu geben,
so sei meine Gattin
meiner Elfenbeinjungfrau ähnlich.

Ovid

My Fair Lady

Herbert, der zu Anfang erwähnte fünfunddreißigjährige »bürgerliche Künstler« – wie er sich selbst nannte –, konnte einsehen, daß ein Shiva-Shakti-Ideal seine Beziehungswünsche maßgeblich beeinflußte und daß er gerade deshalb, vor allem wegen der damit verbundenen Angst vor Trennung, keine Beziehung eingehen konnte, jedenfalls nicht mit einer Frau, die ihn wirklich faszinierte. Auch brachten wir seine Angst vor Überstimulierung, die er bei seiner schöpferischen Arbeit fürchtete, mit dem intrapsychischen Aspekt dieser Verbindung von Shiva und Shakti zusammen, mit einem Erlebnis von Ganzheit, das er sowohl ersehnte als auch fürchtete. Für ihn war aber undenkbar, dieses Ideal, das ihn noch mehr faszinierte, nachdem wir darüber gesprochen hatten, aufzugeben. Ebenso sicher wußte er aber auch, daß dieses Ideal nicht zu leben war. Und er fühlte sich blockiert.

Mir fiel auf, daß er sich immer über seine langweilige Freundin beklagte, die er aber bewußt so gewählt hatte. Darauf angesprochen sagte er, er habe die Phantasie, aus diesem Mädchen »etwas zu machen«, sie so zu »modeln«, daß er sie dann lieben könne. So hätte er dann eine große Liebe und behielte die Sache doch unter Kontrolle. Wahrscheinlich sei das eine Illusion, aber er denke an so etwas, wie es in der Story von »My Fair Lady« beschrieben sei. »Ich möchte aus einer Frau all das herausholen, was mir erstrebenswert erscheint und was ich mir wünsche, um mit einer Frau leben zu können. Dazu muß sie aber am Anfang langweilig sein; ich schaffe es bloß nicht, daß mich eine so verehrt, daß sie sich formen läßt. Aber das ist wohl auch nicht mehr möglich mit der Emanzipation.«

Mir schien hier eine neue Beziehungsphantasie angesprochen zu sein, und ich fragte ihn, wie er sich denn in diesem Prozeß sähe, um auch seinen Part der Partnerphantasie anschaulicher zu sehen und zu erkennen, welche unbewußten Anteile in ihm durch das Bild der formbaren Frau angesprochen würden. Er sagte von sich: »Ich käme mir vor wie der liebe Gott – mit Einschränkungen natürlich. Man könnte so die Fehler der Schöpfung vielleicht ausmerzen . . . (Vielleicht auch vergrößern.)« Er sagte weiter, er käme sich in einer solchen Situation sehr schöpferisch vor, es wäre schöpferisch, jemanden nach seiner Vorstellung zu formen, er könnte jemandem »eine Persönlichkeit anziehen«.

In dieser Beziehungsphantasie sieht er sich als ein Mensch, der in seinem Schöpferischsein in Gottnähe rückt. Das tönt etwas vermessen, aber es ist wohl sehr ernst zu nehmen, daß sich hier eine tiefe Sehnsucht nach Schöpferkraft in der Phantasie Gestalt gibt, die wohl auch einem Aspekt seiner menschlichen Möglichkeiten durchaus entspricht und sehr nah mit seinem innersten Wesen verbunden ist. Um mir noch klarer zu werden – auch über die Lebbarkeit seiner neuen Beziehungsidee –, fragte ich ihn, was denn für die Frau in dieser Beziehung für eine Rolle vorgesehen sei.

»Sie wäre sicher, mir zu gefallen, sie könnte mich bewundern, sie könnte mich lieben, und ich würde sie auch lieben. Wir könnten dann einander ganz gehören. Ohne Trennendes. Ich würde sie so konzipieren, daß sie sich nie von mir trennen würde.«

Obwohl wir hier eine neue Beziehungsphantasie vor uns haben, ist sie eine Neuauflage des Shiva-Shakti-Ideals, wenn auch seine Rolle zunächst eine wesentlich andere ist als die des Shiva: Er will sich seine Partnerin formen. Diese Phantasie ist wohl für seinen schöpferischen Prozeß von größter Wichtigkeit: Indem er sich eine Frau phantasiert, sie in der Phantasie formt, sich selber mitphantasiert in dieser Formungsszene, schafft er intrapsychisch eine Verbindung von Männlichem und Weiblichem, die ihn sehr befriedigt und die ihn mit einem Gefühl des schöpferischen Gestaltenkönnens erfüllt.

Aber auch ihm selber war klar, daß eine solche Beziehungsidee kaum lebbar wäre. Er sagte denn auch: »Diese Phantasie hat mich unheimlich angeregt, ich möchte so leben, aber so geht das natürlich nicht, eine Frau ist ja doch auch ein autonomer Mensch, kein Stück Wachs.«

Auch wenn das Ideal des Einander-ganz-Gehörens und Einander-ganz-Verstehens an Shiva–Shakti erinnert, wobei hier sogar noch der Trennung vorgebaut wird, indem gar nicht zwei wirkliche, autonome Menschen phantasiert werden, besteht der Unterschied darin, daß er sich als Schöpfer phantasiert, also wesentlich aktiver ist als Shiva, wenn auch das »Ergebnis« dasselbe sein soll: jemanden lieben zu können ohne die geringste Einschränkung, ohne die Notwendigkeit, sich auch immer wieder vom geliebten Menschen trennen zu müssen, auch dadurch nicht, daß man etwas nicht so gut findet am Partner und dadurch vorübergehend in eine Distanz gerät.

Den Partner formen zu wollen, das ist eine Beziehungsphantasie, die den meisten Menschen nicht ganz unbekannt ist, wenn sie auch selten in dieser extremen Form, wie wir sie jetzt gehört haben, zugegeben wird oder vorherrscht. Die meisten Menschen begnügen sich damit, daß sie ihrem Partner einige Marotten austreiben wollen oder erwünschte Eigenschaften so sehr verstärken, daß er oder sie sich – für ihn oder sie unbemerkt – dahin wandelt, wohin der Partner ihn oder sie haben will.

Ein subtiler Erziehungsprozeß, ein Nebenprodukt der Liebe – nichts wandelt ja bekanntlich mehr als die Liebe – oder ein schöpferischer Akt? Hier wird sichtbar, wie nahe das Hineinsehen der besten Möglichkeiten in einen Partner und insofern wirklich der Anreiz, Gewordenes, Gefestigtes immer nochmals zu überschreiten, neben grob pädagogischen Absichten anzusiedeln ist, die den Partner nach den eigenen Wünschen formen wollen – wohl immer noch in der Sorge darum, daß die Liebe verlorengehen könnte, wenn er oder sie etwas nicht endlich so macht, wie wir uns vorstellen, daß es sein müßte. Liebende Phantasie und versteckte Machthaberei liegen hier ganz nahe beieinander; welches von beiden die Oberhand behält, hängt wohl damit zusammen, ob wir wirklich lieben und ob wir unserem Partner Autonomie zugestehen können.

Wie sehr dieses Den-Partner-Formen ein Menschheitsthema ist, zeigt sich auch darin, daß es ein Thema ist, das die Literatur immer wieder durchzieht. Herbert hatte schon das Thema »My Fair Lady« angesprochen, er hatte die Idee, daß seine Beziehungsphantasie bereits in diesem Musical vorzufinden sei. Das Musical »My Fair Lady« basiert auf der Komödie »Pygmalion« von George Bernard Shaw. »Pygmalion« wurde 1913 uraufgeführt. Die Handlung ist, kurz zusammengefaßt, die, daß Professor Higgins, ein Sprachforscher und Dialektkenner, auf die ungewöhnliche Sprache eines einfachen Blumenmädchens aufmerksam wird. Higgins will aus ihr eine Dame machen, und da er sich für Sprache interessiert, muß das auch an ihrer Sprache vollzogen und sichtbar gemacht werden. Eliza beginnt Sprachstudien bei ihm und macht sehr große Fortschritte. Higgins ist auch in sie verliebt, gibt es aber nicht zu. Ob sie wirklich in die höhere Gesellschaft aufgenommen wird – und das kann sie nur durch Heirat erreichen –, bleibt offen. Eindrücklich ist an diesem Musical, wie Higgins als Neu-Schöpfer von Eliza auftritt und wie sie sich formen läßt. Damit verweisen die Komödie und das Musical auf die Sage von Pygmalion:

»Weil er diese gesehen ihr Leben verbringen in Unzucht,
weil die Menge der Fehler ihn abstieß, die die Natur
dem weiblichen Sinne gegeben, so lebte Pygmalion einsam
ohne Gemahl und entbehrte gar lange der Lagergenossin.
Weißes Elfenbein schnitzte indes er mit glücklicher
Kunst und gab ihm eine Gestalt, wie sie nie ein geborenes
Weib kann haben, und ward von Liebe zum eigenen Werke
ergriffen. Wie einer wirklichen Jungfrau ihr Antlitz, du
glaubtest, sie lebe, wolle sich regen, wenn die Scham es
nicht ihr verböte. So verbarg sein Können die Kunst.
Pygmalion staunt und faßt in der Tiefe der Brust die Glut
für das Bild eines Leibes. Oftmals berührt er sein Werk
mit der Hand und versucht, ob es Fleisch, ob Elfenbein
sei, und versichert auch dann, kein Elfenbein sei es,
gibt ihm Küsse, vermeint sie erwidert, spricht an und
umfängt es, glaubt, seine Finger drückten dem Fleisch
ihres Leibes sich ein und fürchtet, es mache der Druck
das berührte Glied sich verfärben. Schmeichelworte sagt
er ihm bald, bald bringt er Geschenke, wie die Mädchen
sie lieben, geschliffene Steine und Muscheln, kleine
Vögelchen auch und tausendfarbige Blumen, Lilien, farbige
Bälle und die von den Bäumen getropften Tränen der Helios-
töchter; auch schmückt er den Leib ihr mit Kleidern,
gibt ihren Fingern den Ring, eine lange Kette dem Halse;
zierliche Perlen hangen vom Ohr, auf der Brust ein Ge-
schmeide. All das ziert sie, doch war sie auch nackt
nicht weniger schön zu schauen. Er legt sie so auf die
purpurfarbenen Decken, nennt sie Genossin des Lagers,
er stützt ihren Nacken mit weichen, flaumigen Kissen
und bettet ihn sanft, als ob er es fühle.

Wieder ist da der Tag der Venus, gefeiert im ganzen Cypern; das weite Gehörn vergoldet, waren die jungen Rinder, im weißen Nacken getroffen, niedergesunken; Weihrauch dampfte; Pygmalion trat, nachdem er geopfert, hin zum Altar: ›Vermögt ihr Götter alles zu geben‹, bat er schüchtern, ›so sei meine Gattin‹ – ›die Elfenbeinjungfrau‹ wagte er nicht und sprach – ›meiner elfenbeinernen ähnlich.‹ Venus, die goldene, die ihrem Feste zugegen, verstand wohl, was mit dem Wunsche gemeint; ein Zeichen der günstigen Gottheit hob sich dreimal die Flamme und trieb in die Luft ihre Spitze.

Als er zurückkam, eilt er sogleich zu dem Bild seines Mädchens, wirft sich aufs Lager und gibt ihr Küsse. Sie schien zu erwarmen. Wieder nähert den Mund er, betastet die Brust mit der Hand, da wird das betastete Elfenbein weich, verliert seine Starrheit, gibt seinen Fingern nach und weicht, wie hymettisches Wachs im Strahl der Sonne erweicht, von den Fingern geknetet, zu vielen Formen sich fügt und, gerade genutzt, seinen Nutzen bekundet. Während der Liebende staunt, sich zweifelnd freut, sich zu täuschen fürchtet, prüft mit der Hand sein Verlangen er wieder und wieder. Fleisch ist's und Bein! Es pochen vom Finger betastet die Adern. Worte aus voller Brust, mit denen Venus er danke, faßt der Paphier da. – Auf den Mund, der endlich ihn nicht mehr täuschte, preßt er den seinen. Die Jungfrau fühlte die Küsse, und sie errötete, sah, als empor zum Licht sie die scheuen Lichter erhob, zugleich mit dem Himmel den liebenden Jüngling.

Gnädig ist Venus der Eh, die sie selbst gestiftet, und als die Hörner des Mondes sich neunmal zum vollen Runde vereint, hat jene die Paphos geboren, nach der die Insel benannt ist.«[1]

Während Brahma eine Frau erschaute, sie sah, sie in der Imagination kreierte, schnitzt sich Pygmalion eine Frau nach seiner Vorstellung. Er ist tatkräftiger – wie das wohl auch dem patriarchalen Griechenland entspricht. Pygmalion gilt als Frauenfeind, und der Mythos von Pygmalion ist besonders unter Frauen nicht sehr beliebt. Es ist wirklich nicht sehr schmeichelhaft, wenn wir bedenken, daß er die Frauen für so fehlerhaft hielt, daß ihm gar keine gefiel! Es wird klar ersichtlich, daß er das Bild von der Frau, das er dann auch gestaltet, und die reale Frau, wie sie ihm auch begegnet sein mag, nicht zur Deckung bringen konnte, oder anders ausgedrückt: für seine Beziehungsphantasie fand er keine Frau, die sie mit ihm geteilt hätte. Nicht ein Gegenüber sucht Pygmalion, sondern eine Frau, die er gestaltet, wie er sie sich vorgestellt hat. Der Frau wird die Autonomie abgesprochen, andererseits haben wir natürlich in Pygmalion auch einen Mann vor uns, der so sehr seine Beziehungsphantasie gestaltet, daß sie lebendig wird; wenn dabei die Frau auch schön, perfekt, passiv und leer erscheint, er bleibt der Schöpfer. Es wäre aber wohl doch falsch, nur deshalb, weil diese Frau solche Eigenschaften hat, auf welche die Männer (und sie selbst?) Frauen schon immer festgelegt haben, hier in Pygmalion nur diesen Aspekt des Frauenverächters zu sehen, dessen, der weiß, wie eine Frau zu sein hat. Hinter seiner Beziehungsphantasie ist auch die Sehnsucht verborgen, eine Frau wirklich lieben zu können.

Betrachten wir das Paar wiederum als eine mögliche Verbindung von Weiblichem und Männlichem in der Psyche eines Mannes oder einer Frau, dann werden andere Aspekte sichtbar, dann können wir vielleicht vorurteilsfreier die Situation betrachten.

Der Wunsch, aus dem Partner etwas »zu machen«, vielleicht sogar so etwas wie ein Kunstwerk (statt daß man aus der Beziehung selbst ein Kunstwerk macht), ist wohl auch eines unserer Beziehungsideale. Wie oft hört man einen liebenden Menschen mit Stolz sagen: »Du bist schöner geworden, seit wir uns lieben.« »Du hast durch unsere Liebe sehr viel mehr an Mut und Vertrauen gewonnen.« Diese Aussagen werden von Männern und von Frauen gleichermaßen gemacht – und sind auch Grund zur Freude. Wir empfinden es als schön, wenn wir einen Menschen durch unsere Liebe mehren können. Diesen Wunsch, aus dem andern etwas zu machen, zeigen wir auch dort, wo wir einen Partner so kleiden, wie wir ihn am liebsten sehen, wie es ja auch Pygmalion tut. Dieses Bedürfnis, aus dem Partner etwas zu machen, kann auch dahin führen, daß wir einen Partner oder eine Partnerin »retten« wollen, alle unsere Kräfte daran setzen, daß er oder sie das findet, was wir als das für ihn gemäße Leben erachten. Auch dieses Ideal, aus dem Partner etwas zu machen, seine schönsten Seiten zur Geltung zu bringen, gründet in der objektiven Phantasie für die Möglichkeiten des geliebten Menschen, die man ihm aber normalerweise nicht einhämmern muß, sondern die sich – durch das liebende Vertrauen – herausbilden, wenn sie wirklich Möglichkeiten des geliebten Menschen waren, also einer objektiven Phantasie entsprachen und nicht nur der subjektiven Phantasie des Liebenden.

Wo dieses Bild – oft das Bild der übermenschlichen Möglichkeiten, der besten, den Jetzt-Zustand transzendierenden – zu lange auf die Verwirklichung warten läßt, sind wir versucht nachzuhelfen. Dann sieht man nicht mehr ein Bild, das für den andern einen Raum von Freiheit bedeutet, in den hinein er sich entwickeln kann oder auch nicht, der ihm offensteht, sondern dann macht man ein Bild, in das er nun hineingezwängt wird. Natürlich entspricht dieses Zwängen des andern einem In-Beziehung-Stehen, bei dem der Partner nicht autonom werden darf; es ist aber auch ein In-Beziehung-Stehen, bei dem der eigene Stolz und die eigene Befriedigung über dem Wohl des Partners stehen. In der oftmals wirklich überraschenden Entwicklungsgeschichte zweier Menschen sind aber beide sowohl Schöpfer als auch Geschöpfe.

Das Problem einer Pygmalionphantasie ist ja, daß der eine Schöpfer ist, der andere Geschöpf, statt daß jeder der Partner sowohl Schöpfer als auch Geschöpf sein darf. Es bleibt aber zu bedenken, daß Pygmalion und in seiner Folge die vielen Liebenden und verhinderten Liebenden nicht nur aus dem Willen zu dominieren Schöpfer sein wollen, sondern auch aus der verzweifelten Hoffnung heraus, endlich lieben zu können, wenn sie den Geliebten oder die Geliebte so geformt haben, daß sie eben liebenswert geworden sind.

Auch wenn wir Pygmalion und seine Frau als Gestalten *eines* Menschen auffassen, und zwar in einer Situation, wo das Weibliche geformt wird, bleibt ein Ungleichgewicht; die Pygmalionphase dürfte also nur ein Zwischenspiel sein.

Wie sehr die Pygmaliongeschichte immer wieder auf das Verhältnis von Mann und Frau bezogen und auch kritisiert wird, zeigt sich auch darin, daß in der Unterhaltungsliteratur dieses Thema immer wieder aufgegriffen wird, daß man sich dabei aber auch fragt, ob man Pygmalion nicht »umkehren« könnte. Horst Wolfram Geißler beschreibt in seinem Roman »Wovon du träumst«, wie ein Paar sich gegenseitig durch schöpferische Arbeit (er wird an ihr zum Dichter, sie ist Schauspielerin) zu größtmöglicher kreativer Verwirklichung treibt. Sie erreichen miteinander Höhen und Erfolge, von denen man eben nur noch träumen kann. In diesem Roman ist es aber die Frau, die den Mann, einen Justizobersekretär, dazu anregt, zu seinen dichterischen Versuchen zu stehen. Und in diesem Zusammenhang wird sie dann auch von ihrem ehemaligen Ehemann gefragt:

»›Ich bin mir nämlich nicht ganz klar darüber, ob sich die Geschichte von Pygmalion einfach umdrehen läßt.‹

›Was heißt das?‹ wollte Fen wissen . . .

›. . . Ja, sieh mal: Daß der Bildhauer Pygmalion ein so schönes Frauenbild schuf, daß er sich darein verliebte, das glaub' ich. Daß die Götter ihm zu Gefallen den Marmor belebten, das glaub' ich auch, und daß nun die beiden recht glücklich miteinander hausten, das mag ja vielleicht vorgekommen sein; denn ich kann mir denken, daß das bildhübsche Mädchen gut kochen lernte und fleißig Strümpfe stopfte und Blumen auf den Tisch stellte. Denn dem Mann verdankte sie es ja schließlich, daß sie beseelt worden war.‹

›Und?‹

›Nun nimm aber einmal an, Pygmalion wäre kein Mann, sondern eine Frau gewesen. Diese Künstlerin also schuf ein Mannsbild, und die Sache ging – alles umgekehrt – genau so weiter wie eben.‹

›Ja – und?‹

›Na!‹ sagte Peters. ›Wie ich die Männer kenne – ich weiß nicht! Jedenfalls hätte der glücklich beseelte Jüngling wahrscheinlich weder gekocht noch Strümpfe gestopft, und Blumen hätte er auch nicht auf den Tisch gestellt, sondern spätestens am dritten Tag kräftig mit der Faust auf die Platte gehauen und gebrüllt, wo das Essen bleibt, verdammt nochmal, und ob die Schlamperei nun immer so weitergehen soll!‹

›Und dann?‹

›Dann?‹ fragte der Regisseur. ›Ich denke, das genügt. Aber

Pygmalion, das nette, geniale Frauchen, hätte alsbald schluchzend die Arme zu den Göttern erhoben und sie um Beistand gegen diesen Wüterich, gegen dieses arrogante Mannsbild, gegen diesen miserablen Charakter angefleht.‹

›Und was taten die Götter?‹

›Sie lächelten. – Niemand, Fen, kann so mitleidlos lächeln wie die Götter.‹«[2]

Der Roman als Ganzes zeigt dann aber sehr deutlich, wie fruchtbar eine Beziehung sein kann, wenn beide Partner immer einmal wieder Pygmalion sein und seine Schöpferwonne erleben dürfen.

Der Pygmalion-Mythos spielt bis in die Träume hinein: Eine fünfundzwanzigjährige Frau träumt: »Ich soll zu einem Herrn Pygmai – oder so ähnlich – in die Lehre gehen. Er wohnt dort, wo früher die Töpferei war.«

Der Name Pygmai scheint wichtig zu sein für das Verständnis dieses Traumes. Die Träumerin kennt niemanden mit einem ähnlichen Namen. Sie assoziiert dann die Pygmäen, also die kleinen Menschen im afrikanischen Busch. Pygmaios heißt auch Zwerg, Pygmalion könnte auch »Zwerg« bedeuten. Zwerge sind die schöpferischen Begleiter der großen Mutter, sie sind die, die etwas hervorbringen, gestalten, sie sind aber auch klein und unscheinbar. Auf das Schöpferischsein könnte sich auch der Hinweis auf die ehemalige Töpferei beziehen, als einem Ort, wo man früher einmal schöpferisch war.

Ich bat die Träumerin, sich Herrn Pygmai einmal als Arbeiter in der Töpferei vorzustellen, sich vorzustellen, was er denn dort tue und gestalte und was sie vielleicht von ihm lernen könnte. Die Frau sah in ihrer Imagination, daß Herr Pygmai eine Frau formte, »mit einer Figur, wie ich sie haben möchte und die auch das Wesen ausdrückt, das ich haben möchte. Ein Ideal von mir, körperlich ausgedrückt, das ich bewundern könnte.« Die Frau hat immer Probleme mit ihrem Übergewicht, mag ihren Körper nicht anfassen und nicht ansehen.

Angeregt durch Traum und Imagination begann sie, mit Ton weibliche Körper zu gestalten, über Monate hinweg. Dadurch, daß sie sich immer wieder Proportionsverhältnisse »ansehen« mußte, gewann sie ganz langsam ein Verhältnis zu ihrem Körper, über die kreative Arbeit formte sie so auch ihr

Körpererleben und gewann dadurch eine ganz neue Selbstsicherheit, aber auch Verantwortungsgefühl für ihren Körper.

Pygmalion in ihr – sie kannte den Mythos nicht – und die Frau, die schöpferisch gestaltet wurde, sind ein Paar, das sie über Monate in Atem hielt und das ihr waches Ich-Bewußtsein in die »Lehre« nahm. Es war Pygmalion in ihr, der Regie führte, und das zeigte sich auch darin, daß sie von dieser Gestaltungsidee nicht wegkam; daß sie sich fast zwanghaft gestaltete, bis ihr Körperbewußtsein so wach war, daß sie es wagen konnte, auch körperlich Beziehungen einzugehen.

»Pygmalion« ist keineswegs nur eine Männerphantasie. Es gibt Frauen, die geradezu nach einem Pygmalion schreien. Natürlich kann man sagen, das sei eben die Folge davon, daß man die Autonomie und die Selbstverantwortlichkeit der Frauen durch die Jahrhunderte so sehr beschnitten habe, daß sie zu anderen Beziehungsphantasien gar nicht mehr fähig seien.

Aus dem Brief einer Sechsundvierzigjährigen an eine Analytikerin: »Sie können alles mit mir machen, aber machen Sie etwas. Gestalten Sie mich wie ein Kunstwerk. Es wird Ihnen schon etwas einfallen. Ich habe schon so lange versucht, aus mir etwas zu machen, ohne Erfolg . . .«

Hier wird ein anderer Aspekt des Pygmalionmythos deutlich: Wer fordert Pygmalion heraus? Wann, in welchen Situationen verlangen wir von unseren Partnern – oder eben auch von den Therapeuten –, sie mögen Pygmalion sein, und das möglichst erfolgreich? Dann nämlich, wenn wir die Verantwortung für unser Leben nicht mehr selbst haben möchten, wenn wir es jemand anderem aufbürden möchten, wenn wir es vielleicht überhaupt nie in die Selbstverantwortung genommen haben. Pygmalion kann so selbstherrlich nur formen, wenn da ein Geschöpf keinen eigenen Willen, keine eigene Lebensphantasie, keine Verantwortung haben will. Insofern sind wir wohl alle immer einmal wieder in Gefahr, uns einen Pygmalion herbeizuwünschen, auch wenn wir ihn dann – und das ist durchaus angebracht – recht bald wieder verwünschen.

Gerade in der Therapie scheint es mir wichtig zu sein, daß Therapeuten die Verführung zu Pygmalion kennen und die Sehnsucht des Analysanden nach Pygmalion als Sehnsucht nach Pygmalion in seiner eigenen Seele deuten. Dieser Sehnsucht entspricht ja auch die Möglichkeit, Pygmalion zu sein, wenn vielleicht auch nur in allerkleinstem Ausmaße.

Wie nah beieinander Schöpfung und Zerstörung sind, zeigen alle Beispiele zum Pygmalionmythos. Explizit ist die Möglichkeit der Zerstörung von Ingeborg Bachmann dargestellt worden in ihrem unvollendeten Roman »Der Fall Franza«. Dieser unvollendete Roman steht in einem Zyklus mit dem Titel: »Todesarten«. Darin geht es immer wieder darum, daß die Frau in dieser Gesellschaft nicht überleben kann.

Franza ist mit dem Psychiater Jordan verheiratet. Ingeborg Bachmann beschreibt, wie er Franza dadurch, daß er sich immer wieder Notizen über sie macht und diese herumliegen läßt, zwingt, einen ganz bestimmten »Fall« darzustellen. Nicht die liebende Verwandlung ist hier das Thema, sondern die Verwandlung in die Zerstörung hinein.

»Warum ist mir das nie aufgefallen, daß er alle Menschen zerlegte, bis nichts mehr da war, nichts geblieben außer einem Befund . . .« ». . . er konnte keinen Menschen verlängert sehen, über die Grenze hinaus, die er ihm setzte.«[3]

»Von da an fand ich öfters ein Blatt, manchmal nur mit wenigen Notizen. Ich habe lange gebraucht, um das zu verstehen, es ging so lange, mindestens über ein Jahr, dann verstand ich, daß wirklich ich gemeint war. Er bearbeitete mich, er bereitete mich vor, seinen Fall. Er hetzte mich hinein in einen Fall. Und jedes Blatt, das er mich finden hieß, das hetzte mich weiter. Eines Tages war es dann soweit, ich weiß nicht mehr, wann das angefangen hat. Plötzlich, während eines Abendessens, bei einem Wiener Schnitzel, beim Obst, bei einem Apfel, weißt du, es war wie mit dem Apfelschnitz in dem Märchen, da hatte ich dieses Apfelstück im Mund und fing zu husten an, ich wußte aber, daß ich mich nicht verschluckt hatte, keineswegs, aber plötzlich hustete ich an ihm herum, als wäre es vergiftet, und danach ging das weiter . . .«[4]

». . . Was hat ein Jordan zu hassen und zu vereiteln an einem Menschen? Ich glaube, das ist es! Man vereitelt den anderen, man lähmt ihn, man zwingt ihm sein Wesen ab, dann seine Gedanken, dann seine Gefühle, dann bringt man ihn um den Rest von Instinkt, von Selbsterhaltungstrieb, dann gibt man ihm einen Tritt, wenn er erledigt ist. Kein Vieh tut das, die Wölfe töten den sich demütigenden Gegner nicht, er kann ihn nicht töten, hast du das gewußt, er ist nicht fähig, ihm die Kehle durchzubeißen, wenn man sie ihm hinhält. Wie weise, wie schön. Und die Menschen, mit den stärksten Waffen, das stärkste Raubtier, sie haben die Hemmung nicht ...«[5]

»Er hat mir meine Güter genommen. Mein Lachen, meine Zärtlichkeit, mein Freuenkönnen, mein Mitleiden, Helfenkönnen, meine Animalität, mein Strahlen, er hat jedes einzelne Aufkommen von all dem ausgetreten, bis es nicht mehr aufgekommen ist. Aber warum tut das jemand, das versteh ich nicht.«[6]

Aber auch der destruktive Pygmalion braucht ein Gegenüber, das sich zerstören läßt. Ingeborg Bachmann möchte dieses Romanfragment wohl so verstanden haben, daß Jordan für eine ganze analysierende Männergesellschaft steht, für männliches Denken vielleicht, das dem Weiblichen keinen Raum läßt. Es sei denn, das Weibliche würde sich resolut gegen dieses Destruktive zur Wehr setzen.

Eine Beziehungsgeschichte, in der Pygmalion eine große Rolle spielte, durchlebte ein Mann, der zu der Zeit recht große Schwierigkeiten mit Frauen hatte: »Sie sind mir zu anspruchsvoll, zu dominierend, sie sind überhaupt nicht lieb, sie wollen verwöhnt werden ...«, was auch heißen kann: »Ich fühle mich den Ansprüchen der Frauen nicht gewachsen, ich fühle mich unterlegen, ich habe Angst, nicht genug geliebt zu werden, ich habe Angst, daß ich Liebe nur bekomme, wenn ich die Frauen verwöhne.«

Dieser Mann traf ein medikamentensüchtiges junges Mädchen. Er fand, daß sie schon ziemlich kaputt sei. Sie arbeitete als Serviererin, obwohl sie eine abgeschlossene qualifizierte Ausbildung hatte. Er holte sie da heraus, war auch etwas verliebt, aber vor allem wollte er sie wegbringen von den Drogen, vom Alkohol, der auch noch dazu kam. Er begann, ihr Leben zu ordnen. Sie war zufrieden: endlich einmal jemand, der ihr Leben in die Hand nahm. (Eigentlich und insgeheim sagte sie sich aber, daß sie normalerweise lieber etwas forschere Männer hatte.) Er nahm sie bei sich auf, überprüfte sie auf ihren Medikamentengenuß hin, suchte mit ihr herauszufinden, welche Arbeit für sie befriedigend sein könnte, begann »sie anzuziehen«, beschloß auch, welche Frisur sie haben sollte, und sie war zufrieden dabei. Im nachhinein sagte sie, daß sie das zwar ganz schön »abgestellt« habe, aber er sei so nett gewesen. Er begann, Möglichkeiten in sie hineinzusehen, künstlerische Möglichkeiten, überredete sie zu Tanzstunden. Je mehr er in sie hineinsah, um so attraktiver wurde sie für ihn: »Ich liebe deine zukünftige Gestalt.«

Sie bewunderte ihn für seine Einfühlung, seine Geduld, seine Zuverlässigkeit, seine Ordentlichkeit, fand ihn anders als alle anderen Männer. Und er lebte unter ihrer Bewunderung auf. Er kam sich bedeutsam vor, konnte sich auch brüsten, daß er besseren Therapieerfolg hatte als mancher »gelernte« Therapeut. Die junge Frau war in seinen Augen fast gesund.

Sie wurde wirklich gesund, verliebte sich in einen jungen, forschen Mann und zog dann weit weg von ihrem Retter. Dieser konnte von dem allem überhaupt nichts verstehen, kam sich deshalb betrogen vor, fand die Frau undankbar und schwor Rache.

Die Frau meldete sich ein Jahr später wieder, war wieder abhängig; der andere Mann hatte sie verlassen, als ihm klar wurde, wie mühsam sie war. Auch habe er nicht so sehr das Gute in ihr gesehen. Die Rachepläne des Retters waren inzwischen oberflächlich verschwunden. Er war einverstanden, daß sie wiederum miteinander wohnten; sie war einverstanden, daß sie heirateten. Er begann, sie minutiös zu kontrollieren und die Pläne auszuarbeiten, die ihm für sie wichtig schienen; sie stabilisierte sich und schien recht zufrieden zu sein.

Sie begann allmählich, Verantwortung für sich selbst zu übernehmen, und entwickelte dabei Interessen und Aspekte ihrer Persönlichkeit, die er nicht vorgesehen hatte, behielt aber eine große Anhänglichkeit und Dankbarkeit für ihn.

Er reagierte auf ihre zunehmende Selbständigkeit mit einer sich zufällig ergebenden außerehelichen Beziehung. In dieser Situation suchten sie die Beratung auf.

Die Frau kam sich bestraft vor für ihre Selbständigkeit, die sie als etwas erlebte, wovor sie sich zuvor immer gedrückt hatte; er kam sich bestraft vor, weil seine Frau ihn in der Pygmalienrolle nicht mehr brauchte.

An dieser Geschichte wird klar, daß auch eine Beziehungsphantasie wie Pygmalion und sein zu schaffendes Geschöpf durchaus ihre positiven Auswirkungen haben kann, daß sie aber, wie jede Paarphantasie – und bei dieser scheint es mir besonders zu beachten zu sein –, ihre Zeit hat. Durch eine Beziehungsphantasie kann etwas bewirkt werden, wodurch man dann gemeinsam in eine neue Form der Beziehung hineinwächst.

Als der Mann in der Beratung darauf aufmerksam gemacht wurde, daß seine Haltung ja wirklich so konstruktiv gewesen sei, daß seine Frau nun viel eigenständiger sein könne, was ihn auch entlasten müsse, ja daß jetzt sogar eine interessantere Beziehung möglich werde, da konnte er seine Bestrafungsversuche fallen lassen.

Der Mythos vom Pygmalion, in dem ich auch das Paar Pygmalion und die jeweils zu schaffende Frau sehe, ist mir so wichtig, weil diese Konstellation innerhalb aller Beziehungen eine Möglichkeit und eine Gefahr darstellt, besonders auch, weil in ihr letztlich die große Liebe gemeint ist, die man erreichen möchte, wie sie im Mythos von Shiva und Shakti dargestellt ist. Das ist uns aber meistens nicht bewußt, schon gar nicht dem Partner, der bevorzugt »geschaffen« oder »erzogen« wird. Auch wird an diesem Mythos klar, wie nahe das lebensfördernde Bild der Liebe und das lebenshemmende Bild der verratenen Liebe beieinander liegen.

Für Herbert war dieser Mythos eine Möglichkeit, sich von seiner Shiva-Shakti-Faszination etwas zu lösen. Ihm war klar, daß dieser Mythos auf der Beziehungsebene nicht zu leben war und daß bei ihm das Grundproblem darin bestand, daß er sich nicht in der Lage sah, sich von jemandem zu trennen. So begann er, in Phantasien den Pygmalion-Mythos auszugestalten, wobei er Pygmalion und die zu schaffende Frau als Aspekte seiner eigenen Seele betrachtete; er lernte aber auch, die Trennungssituationen des alltäglichen Lebens sehr bewußt wahrzunehmen und, wo es nötig war, zu trauern.

Anmerkungen

1 Ovid, Die Sage von Pygmalion, in: Metamorphosen, München 1964, X, 243.300
2 Geißler, H. W., Wovon du träumst, Zürich 1955, S. 72f.
3 Bachmann, I., Der Fall Franza, Gesammelte Werke. Hrsg.: von Koschel, Ch. / Weidenbaum, I. / Münster, C., München/Zürich 1978, Band 3, S. 402
4 Bachmann, S. 405
5 Bachmann, S. 410
6 Bachmann, S. 413

Ishtar und Tammuz

Die Liebesgöttin
und ihr jugendlicher Held

Leicht will ich's machen dir und mir;
leicht muß man sein,
mit leichtem Herz und leichten Händen
halten und nehmen, halten und lassen.

Die Marschallin im Rosenkavalier

Frühling und Tod

Eine fünfundvierzigjährige Frau, die es gewohnt ist, von Männern ihres Alters umworben zu sein, und die auch in liebevollen Beziehungen zu ihnen steht, verliebt sich in einen Neunzehnjährigen. Sie ist für ihn die erste Frau, führt ihn in die Liebe ein, philosophiert mit ihm über das Leben, gibt ihm das Gefühl, so etwas wie »ein junger Gott« zu sein. Er verkörpert für sie noch einmal die ganze drängende Kraft der Jugend, das »Aufbrechende« im weitesten Sinne, und sie ist glücklich, einen jungen Mann mit dem ganzen Ernst seiner Liebe an sich binden zu können. Daß sie ihn dabei auch fesseln könnte, daran dachte sie nicht, es war ihr vielmehr von Anfang an klar, daß diese Liebe eine Liebe des Übergangs sein müsse, die Liebe eines Frühlings, die kaum den Sommer, schon gar nicht den Herbst und den Winter überdauern konnte.

Sie sah sich selbst in dieser Beziehungsphantasie als die ältere, großzügige Frau, die von der Weisheit der Liebe, ihrer Liebeserfahrung, diesem jungen Menschen etwas abgeben konnte, ihm als dem »jungen Gott«, der in ihr nochmals alle Liebeskräfte, die sie sowohl für einen Geliebten als auch für einen Sohn haben konnte, aktivierte.

Er sah in ihr eine Art »Liebesgöttin«, die ihn verwöhnte und beschenkte und die ihm das Erlebnis gab, ein »göttlicher Jüngling« sein zu können. Daß sie für ihn auch mütterliche Züge trug, störte ihn wenig. Beide waren glücklich in der Intensität ihrer Liebe.

Nach einiger Zeit begann der junge Mann jedoch, in einer Gegenwelt zu der Welt zu leben, die ihm seine mütterliche Freundin zeigen wollte. Wollte sie ihm die Schönheit der Kultur nahebringen, bekundete er ihr seine Begeisterung für Motocross und gab ihr damit das Gefühl, ihn allmählich wieder zu verlieren, er wurde ihr sehr fremd. Eine erste Traurigkeit senkte sich über die Beziehung; die Frau war zwischen dem »Lassen« und »An-sich-Ziehen« hin- und hergezogen.

Die Krise wurde für beide unübersehbar, als sich der junge Mann in ein Mädchen seines Alters verliebte und die Frau verließ. Sie war zunächst traurig, wütend, enttäuscht, kam sich auch etwas ausgenützt vor, dann aber – und gerade auch, weil der junge Mann zu den Werten stand, die er in der Beziehung zu der älteren Freundin erfahren hatte – konnte sie sich schließlich an seiner neuen Liebe mitfreuen. Und doch blieb sie, ein wenig älter geworden, zurück.

Eine typische Geschichte, wie sie oft vorkommt. Sie hört sich an wie die Ablösung eines Sohnes von seiner von ihm geliebten Mutter, ist aber eine echte Liebesgeschichte, in der gerade auch die Sexualität eine wichtige Rolle spielt.

Auch diese Beziehungsphantasie ist in einem Mythos dargestellt.

Der Ishtar-Tammuz-Mythos stammt aus der sumerischen Frühgeschichte (ca. 2800 v. Chr.). Die Überlieferung dieses Mythos ist recht unvollständig, allerdings lassen sich Grundzüge mit einiger Sicherheit nachweisen. Es ist der Mythos einer matriarchalen Gesellschaft, in der die Mutter- und Liebesgöttin eine sehr wichtige, zentrale Rolle einnimmt, in der aber auch der Sohngeliebte als ihr Gegenüber, als dynamische Kraft der Veränderung, seinen wichtigen Platz hat.

Ishtar feiert im Frühjahr, wenn das neue Gras sprießt, die heilige Hochzeit mit dem göttlichen Hirten Tammuz, mit ihrem Sohngeliebten: »Er ist eine Gestalt, die in verschiedenster, mehr und mehr symbolhafter Form Schafe hütet, Rinder beschützt und Löwen bekämpft. Er ist der ›Sohn‹, das ›Kind‹, aber ebenso der ›Held‹, der ›Mannhafte‹, vor allem aber der ›Hirte‹!«[1]

Ishtar ist eine der frühesten Mutter- und Fruchtbarkeitsgöttinnen; sie ist Mutter und Gattin des Tammuz, Mutter und Beschützerin der babylonischen Könige, die als Personifikationen von Tammuz aufgefaßt werden[2]. Die Zeit der heiligen Hochzeit ist die Zeit der blühenden und wachsenden Vegetation. Wenn die große Göttin und ihr Sohngeliebter sich lieben, dann kann das Leben aufblühen, dann ist die Fruchtbarkeit gewährleistet. Tammuz kämpft denn auch dafür, daß dieses Leben und seine Herden, die Ausdruck des Lebendigen, Vitalen sind, so lange wie möglich erhalten bleiben.

Zur Zeit der Sommerdürre aber muß Tammuz in die Unterwelt hinab, weil eine Dämonin ihn bei den Herden getötet hat. (Diese Dämonin wird oft selbst als Aspekt der Ishtar aufgefaßt.) Ishtar ist dann aber untröstlich über den Verlust des Geliebten, sucht ihn überall und geht auch in die Unterwelt, um ihn bei der Todesgöttin zu suchen. Dabei stirbt auch sie, aber da sie auf der Oberwelt entsprechende Vorkehrungen getroffen hat, schicken ihr die Götter das Lebenswasser, und sie kehrt wieder zurück, geht durch das Land Sumer, macht es fruchtbar. Solange sie sich in der Unterwelt aufhielt, war das Land unfruchtbar geblieben.

Tammuz, den Sohngeliebten, läßt sie noch in der Unterwelt, er hatte ihre eigenen Leiden in der Unterwelt bis dahin noch nicht so recht verstanden und anerkannt. Dann aber kann auch er wieder auferstehen (nach 160 Tagen), eine neue heilige Hochzeit wird gefeiert[3]. Damit wird symbolisch die Erneuerung des Lebens garantiert, ebensosehr aber ein Lebensverständnis demonstriert, in dem Blühen und Untergehen, Fülle und Dürre unausweichlich einander folgen.

Sowohl die heilige Hochzeit als auch der Gang in die Unterwelt und die Auferstehung, die in einer neuen heiligen Hochzeit gipfelt, wiederholen sich periodisch. Die heilige Hochzeit wurde jeweils in Riten zwischen der Hohepriesterin der Ishtar und dem König als dem Vertreter des Tammuz nachvollzogen. Ein Hochzeitslied aus Sumer mag die wichtigsten Aspekte dieser göttlichen Hochzeit zeigen[4]. Die betreffenden Verse lauten:

»Im Palaste, dem Hause, das dem Lande die Anweisungen erteilt, dem Hause des Königs aller Länder,
Im E'ilurugu, haben die ›Schwarzköpfigen‹,
die Menschen insgesamt
Der ›Herrin des Palastes‹ einen Hochsitz errichtet:
Der König, der Gott, weilt dort mit ihr.
Daß sie das Schicksal der Länder entscheide,
Daß sie am guten ersten Tage aufleuchte,
Am Schwarzmondtag die göttliche Ordnung vollende,
Bereitete man am Neujahrstag, dem Tag der Kultfeiern,
Meiner Herrin das Lager,
Reinigte es mit Zweigen von . . . Zedern,
Machte es meiner Herrin zum Lager,
Legte ihr als Geschenk ein . . . – Kleid zurecht.
Daß sie sich in dem . . . – Kleid von Herzen freue,
das Lager genieße,
Badet man meine Herrin für den heiligen Schoß,
Badet sie für den Schoß des Königs,

Badet sie für den Schoß Iddindagans,
Wäscht man die heilige Inanna,
Besprengt den Boden mit duftendem Zedernharz.
Der König geht stolz erhobenen Hauptes
zum heiligen Schoß,
Ama'usumgalanna
(d. i. Dumuzi, durch den König vertreten)
kost ihren heligen Leib.
Nachdem die Herrin
sich im heiligen Schoß des Lagers gesättigt,
Nachdem die heilige Inanna sich im heiligen Schoß
des Lagers gesättigt,
Spricht sie an der Stätte des Lagers zu ihm:
[›Des Helden Id]dindagan . . . bin ich.‹«[5]

(Inanna ist die sumerische Vorgängerin der babylonischen Ishtar, und Dumuzi ist ein anderer Name für Tammuz.)

Bewegend ist an diesem Mythos, daß Ishtar keineswegs ihren Sohngeliebten einfach an die Unterwelt verschachert; sie scheint vielmehr sehr schmerzhaft vom Tod des Tammuz betroffen zu sein, auch wenn sie ihn vielleicht sogar selbst verursacht hat, und sie geht selbst in die Unterwelt, erleidet den Tod und wird mit dem Lebenswasser wieder lebendig gemacht. Der Unterschied zwischen ihr und Tammuz ist nur der, daß sie über das Lebenswasser verfügt, während Tammuz von ihrem Lebenswasser abhängig ist.

Wie Ranke-Graves nachgewiesen hat, wurde im Matriarchat die große Göttin »mit den jahreszeitlich bedingten Veränderungen im Tier- und Pflanzenreich identifiziert«[6]. Im Frühling wurde sie als Mädchen dargestellt, im Sommer als Nymphe und im Winter als das alte Weib, das in der Unterwelt wohnt. (Dieser Gedanke von Ranke-Graves ist von Heide Göttner-Abendroth in ihrem Buch »Die Göttin und ihr Heros« aufgenommen und ausgearbeitet worden.)

Diese dreifaltige Erscheinung der großen Göttin wurde in der griechischen Mythologie in drei Göttinnen aufgeteilt, zum Beispiel: Selene, Aphrodite und Hekate. Ursprünglich war aber wohl in allen drei Erscheinungsformen ein und dieselbe Göttin in ihren verschiedenen Lebenszyklen gemeint, die natürlich auch dem mit ihr in Liebe verbundenen männlichen

Heros drei verschiedene Lebenssituationen bereitete: die Situation des ersehnten Geliebten, der große Freude bringt; die Situation des Kämpfers gegen den Tod, gegen das Vergehen; und schließlich die Situation des Aushaltens einer »toten« Zeit, einer Zeit des Rückzugs, um dann in einem neuen Zyklus wieder zum ersehnten Geliebten werden zu können. Der Heros ist abhängig von der Muttergöttin, in ihre Rhythmen eingebunden.

Dieser Mythos imponiert durch die starke Betonung des Rhythmischen, angefangen bei der ungeheuren Belebung, die im Ritus der heiligen Hochzeit ausgedrückt ist, bis zur Notwendigkeit, Liebe und Tod nahe beisammen zu sehen, wobei der Tod jedoch als ein »weiblicher« Tod verstanden wird: nicht als Vernichtung, sondern als Durchgang zu neuem Leben. Auch wird deutlich, wie die Liebesgöttin, die eben auch Muttergöttin ist, immer auf ihren Sohngeliebten bezogen bleibt, in der Liebe und in der Trauer. Sie muß ihn zwar immer wieder verlassen, wird auch von ihm verlassen, hat aber an seiner Lust und an seinem Schmerz teil.

Dieser Mythos steht hinter der Beziehungsphantasie der älteren Frau mit dem jungen Mann, einer Beziehungsphantasie, die vor allem Frauen haben. Sie sehen sich dann in der Phantasie als eine der Liebes- und Muttergöttin ähnliche Frau, fühlen sich in ihrem Frausein sehr bestätigt, und sie sehen den jungen Geliebten als einen jungen Gott, der noch einmal den Frühling der Liebe ins Leben hineinbringt, dem aber auch sie den Frühling der Liebe bringen können. Und wie im Mythos ist das Wissen um die Vergänglichkeit dieser Art von Liebe sehr groß.

Wenn heute die Verbindung ältere Frau – junger Mann immer gesellschaftsfähiger wird, hat das nicht nur damit zu tun, daß die beiden ja einander wirklich etwas geben können; es ist vor allem auch eine Beziehungsphantasie – oder eine gelebte Beziehung –, bei der die Frau sich sehr als Frau fühlt und ihres Wertes sehr bewußt wird. Nicht von ungefähr werden heute die alten Muttergöttinnen in ihrem Glanz und in ihrer Großartigkeit von Frauen wieder entdeckt; wenn die Frau sich mit diesen Muttergöttinnen identifizieren kann, die ja auch Schöpferinnen der Kultur waren, verliert sie ihren Aschenputtelkomplex[7].

Der Rosenkavalier: eine Darstellung in der Literatur

Eine Liebesbeziehung zwischen einer älteren Frau und einem jungen Mann ist im »Rosenkavalier« von Hugo von Hofmannsthal beschrieben: »Der Rosenkavalier« beginnt damit, daß sich Octavian, der Rosenkavalier, im Schlafzimmer der Marschallin befindet und daß er ihr seine Liebe gesteht, sein Sehnen:

»Wie jetzt meine Hand zu deiner Hand kommt,
das Zudirwollen, das Dichumklammern,
das bin ich, das will zu dir;
aber das Ich vergeht in dem Du . . .
Ich bin dein Bub', aber wenn mir dann
Hören und Sehen vergeht –
wo ist dann dein Bub?«

Und die Marschallin antwortet:
»Du bist mein Bub! Du bist mein Schatz!
Ich hab' dich lieb!«

Während er die Dauer ihrer Beziehung beschwört, betont sie jedoch deren Vergänglichkeit:

Octavian:
»Packen will ich sie, packen, daß
Sie es spürt, zu wem Sie gehört –
zu mir! Denn ich bin Ihr und Sie ist mein!«

Marschallin:
»Oh, sei Er gut, Quinquin. Mir ist zumut,
daß ich die Schwäche von allem Zeitlichen
recht spüren muß,
bis in mein Herz hinein
wie man nichts halten soll,
wie man nichts packen kann,
wie alles zerlauft zwischen den Fingern,
alles sich auflöst, wonach wir greifen,
alles zergeht wie Dunst und Traum.«

Octavian:
»Mein Gott, wie Sie das sagt.
Sie will mir doch nur zeigen,

daß Sie nicht an mir hängt.«
(Die Tränen kommen ihm.)

Marschallin:
»Sei Er doch gut, Quinquin!«

Octavian (weint stärker)

Marschallin:
»Jetzt muß ich noch den Buben dafür trösten,
Daß er mich über kurz oder lang wird sitzen lassen.«
(Sie streichelt ihn.)

Octavian:
»Über kurz oder lang?«
(heftig):
»Wer legt Ihr heute die Wörter in den Mund, Bichette?«

Marschallin:
»Daß Ihn das Wort so kränkt!«

Octavian (hält sich die Ohren zu)

Marschallin:
»Die Zeit im Grunde, Quinquin,
Die Zeit, die ändert doch nichts an den Sachen.
Die Zeit, die ist ein sonderbar Ding.
Wenn man so hinlebt, ist sie rein gar nichts.
Aber dann auf einmal, da spürt man nichts als sie.
Sie ist um uns herum, sie ist auch in uns drinnen.
In den Gesichtern rieselt sie,
im Spiegel da rieselt sie,
in meinen Schläfen fließt sie.
Und zwischen mir und dir
da fließt sie wieder, lautlos, wie eine Sanduhr.«
(sehr ernst):
»Quinquin, heut oder morgen geht Er hin,
und gibt mich auf um einer andern willen«,
(etwas zögernd):
»die schöner oder jünger ist als ich.«

Octavian:
»Willst du mit Worten mich von dir stoßen,
weil dir die Hände den Dienst nicht tun?«

Marschallin (ruhig):
»Der Tag kommt ganz von selber.
Heut oder morgen kommt der Tag, Octavian.«

Octavian:
»Nicht heut, nicht morgen! ich hab' dich lieb.
Nicht heut, nicht morgen!
Wenn's so einen Tag geben muß, i denk' ihn nicht,
so einen häßlichen Tag!
Ich will den Tag nicht sehn.
Ich will den Tag nicht denken.
Was quälst du dich und mich, Theres'?«

Marschallin:
»Heut oder morgen oder den übernächsten Tag.
Nicht quälen will ich dich, mein Schatz.
Ich sag', was wahr ist, sag's zu mir so gut als zu dir.
Leicht will ich's machen dir und mir.
Leicht muß man sein,
mit leichtem Herz und leichten Händen
halten und nehmen, halten und lassen . . .
Die nicht so sind, die straft das Leben, und Gott
erbarmt sich ihrer nicht.«

Octavian:
»Sie spricht ja heute wie ein Pater.
Soll das heißen, daß ich Sie nie mehr
werd' küssen dürfen, bis Ihr der Atem ausgeht?«

Die Marschallin faßt das Wesentliche einer solchen Beziehung zusammen, wenn sie sagt: »Leicht muß man sein, mit leichtem Herz und leichten Händen halten und nehmen, halten und lassen . . .« Octavian wird dann ausersehen, die silberne Rose des Herrn Baron, der Sophie heiraten will, dieser zu überbringen. Sophie und Octavian verlieben sich dabei sofort und sehr gründlich ineinander. Das ergibt natürlich große Komplikationen, die letztendlich von der Marschallin gelöst werden.

Und als wirklich Liebende liebt sie auch seine Liebe zu dem jungen Mädchen, auch wenn es sie schmerzt:

Marschallin (vor sich, zugleich mit Octavian und Sophie):
»Hab' mir's gelobt, Ihn lieb zu haben in der richtigen Weis'.

Daß ich selbst Sein Lieb' zu einer andern
noch lieb hab! Hab' mir freilich nicht gedacht,
daß es so bald mir auferlegt sollt' werden!
(Seufzend):
Es sind die mehreren Dinge auf der Welt,
So daß sie ein's nicht glauben tät',
Wenn man sie möcht' erzählen hör'n.
Alleinig wer's erlebt, der glaubt daran und weiß nicht wie –
Da steht der Bub' und da steh' ich,
und mit dem fremden Mädel dort
Wird Er so glücklich sein, als wie halt Männer
Das Glücklichsein verstehen. In Gottes Namen.«[8]

Octavian hat nur noch Augen für seine Sophie. Die Marschallin ist verlassen, ihr bleibt die Erinnerung. Wenn Octavian, dem Mythos von Ishtar und Tammuz gemäß, durch alle die Schwierigkeiten auch in die Unterwelt geraten war, die Auferstehung feiert er in der Liebe mit einer Frau seines Alters, die aber von der Marschallin gebilligt wird.

Im Rosenkavalier, wie schon in unserem Beispiel von dieser Beziehungsphantasie, ist die Mutter-Sohn-Beziehung mit angesprochen, nicht nur die Liebesbeziehung einer älteren Frau zu einem sehr jungen Mann. Sowohl bei meinem Eingangsbeispiel als auch im Rosenkavalier ist es – im Unterschied zum Mythos – der junge »Heros«, der die mütterliche Geliebte verläßt. Im Mythos ist es doch eher die Mutter/Liebesgöttin, die den Tammuz von sich aus im Stich läßt, wird doch von ihr gesagt, daß sie dann hinterher von Reue geplagt ist. Aber wie immer beim Verlassen und Verlassenwerden weiß man auch hier nie so genau, wer eigentlich wen verläßt und wer von wem verlassen wurde; es ist ein Prozeß, an dem beide Menschen aktiv und passiv teilhaben, wobei natürlich immer einer den aktiveren Part übernimmt.

Mütter und Söhne

Der Aspekt der »treulosen« Muttergeliebten ist besonders in der Ablösung der Mutter vom Sohn zu beachten, bei der die Mutter den Sohn ja wirklich ein Stück weit verläßt, damit er sich von ihr lösen kann.

Die Beziehungsphantasie von Ishtar und Tammuz spielt gerade in der Beziehung der Mütter zu ihren Söhnen und in der gegenseitigen Ablösung voneinander eine große Rolle. Gerade Frauen, die darauf aus sind, ihre Söhne freizulassen, sie nicht über die Zeit hinaus an sich zu binden, und die sie auch so erziehen wollen, daß die Gleichwertigkeit der Geschlechter eine Selbstverständlichkeit für sie werden sollte, ertappen sich plötzlich dabei, daß sie ihren Sohn mit einer Zuvorkommenheit und einer Faszination behandeln, wie man eigentlich nur mit einem Sohngeliebten umgeht. Die Mutter mit ihrem Sohngeliebten ist ein Muster menschlicher Beziehung, das größte Aufmerksamkeit verdient, damit die Ablösung auch wirklich vor sich gehen kann.

Dazu ein Traum: Eine sechsundvierzigjährige Frau hat einen sechzehnjährigen Sohn, der stark ins Leben hineindrängt, das Leben so weit wie möglich selbst gestalten will, Verantwortlichkeit übernimmt, weit über sein Alter hinaus. Seine Mutter traut ihm zu, daß er sein Leben weitgehend selbst gestalten kann, sie versteht seinen Lebensdrang, ist aber doch etwas besorgt. In diesem Zusammenhang träumt sie: »Ich bin in einem Erdtempel, unter der Erde. Ich weiß, daß das der Tempel der großen Mutter ist. Wie ich mich umsehe, entdecke ich Christoph (meinen Sohn), zusammengerollt in Embryo-Stellung, schlafend in der Ecke des Tempels. Ich erschrecke und denke, es könnte ihm etwas passiert sein; dann finde ich es richtig, daß er im Tempel der großen Mutter ist.«

Die Träumerin empfand, daß sie ihren Sohn an die »große Mutter« abgetreten hatte, an die Mutter Natur oder an die große Mutter »Leben«. Der Traum erfüllte sie einerseits mit Trauer – es war wie ein Abschied von diesem Sohn, der nun in einem größeren Lebenszusammenhang steht –, andererseits war sie auch sehr betroffen von der Stimmigkeit des Traumes: Der Sohn, wie ein Embryo, soll wohl in die Sphäre der großen Mutter hineingeboren werden. Das entspricht auch dem Loslöseprozeß: Wir lösen uns von den persönlichen Eltern ab, und an ihre Stelle treten die archetypischen Eltern, das Mütterliche schlechthin, das Väterliche schlechthin, dem wir überall, auch in uns, begegnen, wenn wir nicht zu sehr an den persönlichen Eltern – meist mit Vorwürfen – festhalten. Auch die Höhle ist sehr stimmig: Hier findet ein Nachreifeprozeß statt in der Geborgenheit der Erde. Christoph wird dann schon wieder erwachen.

Diese Frau, die ihrem Sohn sehr verbunden war, gibt ihn frei für die »große Mutter«, und es würde kaum erstaunen, wenn dieser Sohn zunächst eine Liebesgeschichte mit einer älteren Frau hätte.

Dieser Traum kann aber auch sehr anders verstanden werden: Wir können den schlafenden Sohn im Bereich der großen Mutter als Beziehungsphantasie auffassen. Das hieße dann, daß in der Beziehungsphantasie die Phase erreicht ist, wo beide, die große Göttin und ihr Heros, in der Unterwelt sind, in einer Inkubationsphase, in einer Phase des Nachreifens, wo etwas Neues entstehen kann. Auf die Beziehung Mutter–Sohn übertragen würde es heißen, daß sie in einer Übergangsphase sind, in der beide einander keine sichtbaren Zeichen geben können, daß dieses Übergangsstadium aber zugleich in einer großen Ruhe ertragen wird.

Faßt man indessen diesen Traum als innere Situation der Träumerin auf, dann wird darin ausgedrückt, daß das Sohnhafte in ihr – und das verbindet sie mit Lebensdrang, mit Schöpferisch-Sein, mit Gestaltenwollen, mit Leben- und Liebenwollen –, daß dieser expansive Drang bei der Erdgöttin ist, die ja auch die Todesgöttin ist und die erst auferstehen läßt, wenn die Zeit gekommen ist. Diesem Drang muß jetzt Ruhe gegönnt werden. Das könnte einer wenig bewegten Phase im Leben der Träumerin entsprechen, die sie vielleicht als langweilig empfindet. Sehen wir aber den Traum im Spiegel des Mythos von Ishtar und Tammuz, dann wird dieser Zustand als normale Phase eines rhythmischen Geschehens aufgefaßt, die ihre große Berechtigung hat, auch wenn die Träumerin vielleicht zu der Zeit lieber vor Lebensdrang sprühen würde.

Dieser Traum legt nahe, die Beziehungskonstellation Ishtar–Tammuz als Zusammenspiel von Weiblichen und Männlichem in der Seele eines Menschen zu sehen. Im Sohngeliebten scheint mir die Faszination vom Werdenden, das Grenzüberschreitende, die Energie ausgedrückt zu sein. Er steht aber in engster Beziehung zur großen Mutter, wird geliebt, umsorgt, gehegt, ist aber auch den Wandlungen der Natur unterworfen, also nicht immer anwesend, sondern in Rhythmen erfahrbar.

Gerade durch das Erlebnis dieses Männlichen erfährt sich die Frau einmal als dynamisch, in Bewegung, grenzüberschreitend, aber auch als sehr weiblich, in ihrer Weiblichkeit bestärkt. Das gibt ihr ein Lebensgefühl von großer Identität und Dynamik. Dieses Lebensgefühl wiederum ließe man sich gerne von einem jungen Heros, sei es nun wirklich ein junger Geliebter, sei es ein Sohn, erhalten. Wenn diese Konstellation in der Beziehung zu einem Sohn gelebt wird, wenn die Mutter sich mit der Mutter- und Liebesgöttin identifiziert und dabei nicht sieht, daß sie zwar letztlich in der Mutter- und Liebesgöttin gründet, aber doch niemals selber diese Göttin ist, dann wird sie den Sohn nicht ziehen lassen wollen. Wenn er sie dann doch verläßt, dann bleibt sie alt zurück, denn alles Belebende, das er verkörpert und auch in ihr Leben hineingetragen hat, verliert sie dann.

Aber der Mythos sagt es: Ishtar wird verlassen, wie die Mütter verlassen werden; sie müssen wieder in die Unterwelt. Es geht darum, sich immer wieder klarzumachen, daß das dynamische Lebensgefühl ein vorübergehendes ist, daß es sich, wenn man es auf Menschen projiziert, in Verbindungen ausdrückt, die auch den Abschied in sich tragen, die aber nichtsdestotrotz – oder gerade deswegen – voller Intensität sind. Und ebenso intensiv müssen die notwendig werdenden Abschiede dann auch betrauert werden.

Die mütterliche Geliebte und der Sohn im Traum eines Mannes

Der Ishtar-Tammuz-Mythos geht aber nicht nur die Frauen etwas an. Auch Männer haben Sehnsucht nach dieser Verbindung in ihrer Seele. Ein zweiunddreißigjähriger Mann träumt: »Ich fische an einem See. Mein Sohn – viel älter als er jetzt ist – ist wieder sehr beschäftigt, das heißt, ich muß ständig Angst haben, daß er etwas Verrücktes erfindet. Er ist gerade daran, ein Unterseeboot aus einem Schildkrötenpanzer zu basteln. Es ist viel Unruhe im Traum. Plötzlich sehe ich, wie eine etwa vierzigjährige, hübsche Frau, die Ruhe ausstrahlt, mit ihm spricht. Ich bin zufrieden.«

Der Träumer bemerkte als erstes zu diesem Traum, er habe beim Aufwachen gedacht, es wäre gut, wenn dieser Sohn einmal von einer attraktiven mütterlichen Frau fasziniert werden könnte, dann wäre er nicht mehr so gefährdet. Erst dann sei ihm aufgefallen, daß der Sohn in seinem Traum ja viel älter gewesen sei als in Wirklichkeit, es müsse also wohl auch um sein eigenes Sohnhaftes gehen, das da immer wieder so ungeschützt in der Welt etwas »erfinden« wolle.

Dieser Mann hat es wirklich schwer, sich selbst zu schützen, er verletzt sich oft, weiß nicht, wann er müde ist. Er hat sehr viele gute Ideen, versucht aber immer, wenigstens vier davon gleichzeitig zu verwirklichen, und verwirklicht dann letztlich selten auch nur eine. Er ist sehr oft stimuliert und wirkt auch ausgesprochen anregend, aber das Gefühl des Stimuliertseins gibt ihm weniger ein gutes Gefühl des Lebendigseins als vielmehr ein ungutes des Gehetztseins.

In seinem Traum ist angekündigt, daß diese knabenhafte Seite, die in sich so schöpferisch und lebendig ist, einer mütterlich Geliebten verbunden werden müßte, vielleicht würde er dann auch die Rhythmen des Schöpferischen, die Rhythmen des Lebens überhaupt begreifen lernen. Aber vielleicht kann der Träumer umgekehrt auch versuchen, sich in die Rhythmen des Natürlichen einzufühlen, um von daher das Gefühl des geborgenen Lebendigseins zu bekommen, das ihm aus dem Traum entgegentrat, das Gefühl von Ruhe.

Der Mythos im Beziehungsmuster zweier Frauen

Es ist aber nicht notwendigerweise so, daß wir den Sohngeliebten nur in der Beziehung zu einer männlichen Person, die Mutter- und Liebesgöttin nur in der Beziehung zu einer weiblichen Person erleben könnten, auch wenn das wohl am häufigsten vorkommt und wir im umgekehrten Fall größere Probleme haben, diese Art der Beziehungsphantasie wahrzunehmen, weil wir es einfach zu wenig gewohnt sind, die Gestalt des Sohngeliebten etwa auch in einer jungen Frau wiederzuerkennen. Jeder Pol einer Beziehungsphantasie kann jedoch in der Beziehung zu einem Mann oder zu einer Frau in uns belebt werden.

Einleuchtend ist uns das etwa dort, wo wir sagen, daß der Ehemann auch die Mutter für seine Frau sein müsse, daß sie die Mutter in ihm suche und ja oft auch findet. Die Beziehungsphantasie einer solchen Frau wäre: einander Mutter – Vater zu sein, sie könnte dann etwa dem Manne auch Väterliches geben. In einer veränderten Lebenssituation könnte sie indessen mehr Väterliches in ihm suchen und ihn damit wohl auch irritieren, weil das ja bis jetzt nicht gefragt war; er könnte plötzlich Mütterliches in ihr suchen und sie natürlich gleichermaßen irritieren. Diese Beziehungsphantasien kommen auch im ganzen breiten Spektrum der Beziehung zwischen Menschen des gleichen Geschlechts vor.

Die Beziehungsphantasie Ishtar–Tammuz kann zum Beispiel auch in einer gleichgeschlechtlichen Beziehung bedeutungsvoll sein: Zwei Frauen, Eva 40 und Nella 30, haben miteinander eine Liebesbeziehung. Eva ist Keramikerin, hat äußerlich eher mütterliche Formen und ist auch ein mütterlicher Typ, Nella ist Journalistin. Zwischen diesen Frauen ist die Beziehungsphantasie Ishtar–Tammuz sehr aktiv: Einerseits haben sie das Ideal, daß die Beziehung so viel wie möglich an Lebensintensität bringen solle, und hoffen, daß auch die schöpferische Arbeit dadurch befruchtet wird, wobei jede das Gefühl hat, daß gerade die andere ihr jenes Quentchen an Lebendigkeit geben könne, die sie braucht, um wirklich schöpferisch zu sein. Die Phantasie der »heiligen Hochzeit« besteht durchaus zwischen den beiden, wobei Nella das Gefühl hat, daß Eva ihr das Stück Erde und Geborgenheit gibt, das sie braucht, um ihre verrückten Ideen gestalten zu können. Eva dagegen hat das Gefühl, daß Nella oder die Liebe zu Nella ihr immer wieder dynamische Impulse geben kann, wenn sie allzusehr in Erdenschwere versinken möchte. Beide kennen Zeiten, wo sie unschöpferisch sind, und hoffen darauf, daß die andere dann das Lebenswasser zur Verfügung hat. In dieser Phantasie wird klar, daß jede sich selber zutraut, »tammuzähnlich« zu sein, aber auch »ishtarähnlich«.

Die gelebte Beziehung ergab, daß Eva immer mehr zur tragenden und liebenden, mütterlichen Geliebten wurde, die in Nella bewirkte, daß diese sich sehr mit ihrer jungmännlichen, entgrenzenden, dynamischen Seite identifizieren konnte, gehalten von Eva, wissend darum, daß gerade ihre schöpferische Unruhe immer wieder neue Impulse in die Beziehung hineinbrachte. Die Rollen wurden fester, die Erwartung, daß die Partnerin einen Teil der Beziehungsphantasie zu erfüllen hatte, selbstverständlich; ein Stück Autonomie, das zu Beginn der Beziehung dagewesen war, ging unvermerkt verloren. Dies allerdings nur innerhalb dieser einen Beziehung; beide konnten gegenüber anderen durchaus auch weiterhin beide Rollen übernehmen, auch in sich selbst beide Pole der Phantasie als Lebensmöglichkeiten spüren.

In Evas Leben bahnte sich eine Veränderung an: Ihre künstlerischen Interessen wandelten sich; sie machte noch einmal eine Ausbildung und begab sich auf ein neues schöpferisches Feld, unter viel Zweifeln, aber auch mit neuer Dynamik und Schöpferwonne. Es wurde eine Zeit des Umbruchs für sie, und sie war plötzlich nicht mehr so sehr die Verkörperung der tragenden, liebenden Mutter, sie war selber viel mehr von einem dynamischen, energischen, Grenzen versetzenden Impuls in ihr fasziniert, selber ruhelos und auf der Suche nach etwas, das ihr auch wieder »Boden« gab. Natürlich suchte sie diesen Boden bei Nella. Nella indessen machte keine Veränderung durch, sie verstand nicht, warum dieses Mütterliche, das sie brauchte, nicht mehr trug. Wie immer, wenn Beziehungsphantasien verändert werden, gerät die Beziehung in eine Krise – ich werde das an einem nächsten Beispiel eingehend zeigen –, und in der Krise wurde den beiden bewußt, daß sie sich zu einseitig auf nur einen Aspekt der Beziehungsphantasie konzentriert hatten, und Nella wurde bewußt, daß sie mehr auch den mütterlich-liebenden Part übernehmen mußte.

Anmerkungen

1 Schmökel, H., Das Land Sumer, Stuttgart 1955, S. 7
2 Göttner-Abendroth, H., Die Göttin und ihr Heros, München 1980, S. 244
3 vgl. Schmökel, a.a.O., S. 8, und Göttner-Abendroth, a.a.O., S. 65f.
4 Schmökel, a.a.O., S. 14
5 Falkenstein, Adam, in: Zeitschrift für Assyriologie und verwandte Gebiete, (ZA) N.F. 11, 1939, S. 38f.; ders., in: Falkenstein/von Soden, Sumerische und akkadische Hymnen und Gebete, S. 96f.
6 Ranke-Graves, R. von, Griechische Mythologie, rde 113, Hamburg 1955/1982, S. 13
7 Göttner-Abendroth, a.a.O., und Schreier, J., Göttinnen, München 1977/1982
8 Hofmannsthal, H. von, Der Rosenkavalier. Komödie für Musik in 3 Aufzügen, Reclams UB 7171

Zeus und Hera

Rivalisieren als Beziehungsmuster

In einer Zeit,
in der Werte so unsicher geworden sind, ist Siegen
wenigstens ein klarer Wert.

Streit-Ehepaare

Zeus und Hera sind eines der klassischen Paare, die die heilige Hochzeit miteinander gefeiert haben, in der symbolisch die Erde dem Himmel und der Himmel der Erde vermählt wird.

Ein Ehepaar, beide um die 40, kommt in Therapie. Ich bitte die beiden, sich mir mit den Eigenheiten im zwischenmenschlichen Leben vorzustellen, die sie für ihre typischen halten:

Er: Ich bin überzeugt, daß ich immer recht habe. Wenn ich einmal nicht recht habe, was selten vorkommt, dann merkt es gewöhnlich keiner.

Sie (schneidet ihm das Wort ab)

Nein, dann sagt man es dir nicht, weil man deine Szenen nicht erträgt, wenn du einmal klein bist.

Er: (schneidet ihr das Wort ab)

Ich bin nicht klein, aber du gehörst einem kleinlichen Geschlecht an.

Sie: (wie aus der Pistole geschossen)

Diesen Satz hast du irgendwo gestohlen.

Er: Das muß man auch können.

Sie: Das kann ich auch, aber ich bin da differenzierter.

Er: (strafend)

Du hast dich noch nicht richtig vorgestellt.

Da täuschte er sich allerdings, denn vorgestellt hatten sich beide in diesem Streitgespräch, das mit unerhörtem Tempo vorgetragen wurde, was auf lange Übung schließen läßt, recht eindrücklich.

Die beiden sind geleitet von einer Beziehungsidee des Über-den-andern-Dominierens. Es geht für beide immer wieder darum, sich zu überlegen, wie man in jeder Situation gewinnen kann, wie man vermeidet, je in die Verliererposition zu kommen. Es geht nicht darum, daß man dem Partner etwa zuhört, der Partner gibt vielmehr nur die Stichworte für den eigenen Einsatz, und der Einsatz soll ein Vernichtungsschlag für den anderen sein, wann immer möglich.

Probleme können auf diese Art natürlich nicht gelöst werden, denn es geht ja zunächst gar nicht um das Problem, sondern darum, daß man nie verlieren darf. Es geht also um ein Prinzip. Im Problemlösungsverhalten wirkt denn dieses Paar auch starr, undynamisch, stur.

Wir haben eine Streitehe vor uns, eine Ehe mit ständiger gegenseitiger Demütigung und nachfolgender Rache, eine symmetrisch rivalisierende Machtkollusion nach Willi[1] oder – symbolisch-mythologisch gesehen – eine Beziehungsphantasie von Zeus und Hera. Es geht dabei für jeden der beiden Partner darum, zu beweisen, daß er der mächtigere ist, daß er die besseren Tricks kennt, um den Partner auszuschalten oder zu demütigen, daß er der schnellere ist im Entwerten. Diese Form der Beziehung ist heute recht häufig und von den Therapeuten nicht sehr geschätzt, weil sie als ziemlich therapieresistent gilt und der Therapeut sich außerdem sehr in acht nehmen muß, daß er nicht ins gleiche Beziehungsmuster gerät[2].

Zur Illustration der Streitehe aus der Literatur eine Sequenz aus dem Drama »Wer hat Angst vor Virginia Woolf?«[3]:

Martha überlegte eine Sekunde: Du kotzt mich an!

George: Was?

Martha: Du . . . kotzt mich an.

George schaut sie an: Das war nicht sehr nett, Martha.

Martha: Das war nicht . . . was?

George: . . . nicht sehr nett.

Martha: Dein Zorn imponiert mir! Ich glaub', ihn liebe ich am meisten an dir . . . Deinen Zorn! Mensch, bist du ein . . . Waschlappen! Du hast keinen Funken . . . keinen Funken . . . na, was denn schon . . .?!

George: . . . Mumm in den Knochen . . .?

Martha: Quatschkopf!

Pause. Dann lachen beide.

Gib mir noch 'n Stück Eis. Du gibst mir nie Eis . . . Warum eigentlich nicht, hm?

George nimmt ihr Glas: Ich geb' dir immer Eis. Du frißt es eben . . . wie ein Cockerspaniel seinen Knochen. Eines Tages beißt du dir daran die Zähne aus.

Martha: Sind ja schließlich meine Zähne!

George: Nicht alle . . . alle nicht . . .!

Martha: Ich hab' immer noch mehr Zähne als du.

George: Zwei mehr.

Martha: Zwei mehr ist viel!

George: Vielleicht. Sogar sicher, wenn man bedenkt, wie alt du bist.

Martha: Hör' auf! Fang' nicht damit an!

Pause

Du bist auch nicht mehr der Jüngste.

George wie ein Junge: Ich bin sechs Jahre jünger als du . . . ich war's immer . . . singt: ». . . und werd' es e-e wi-ig, e-e-wi-ig blei-ei-ei-ei-ei-ei-ben!«

Martha sauer: Du kriegst eine Glatze.

George: Du auch.

Pause. Sie lachen beide.

Olympischer Ehestreit

Hera ist uns bekannt als die Göttin der Ehe, eifersüchtig, rachsüchtig, zornig, die unterlegene Gattin des Zeus. Zeus dagegen gilt als der mächtige Göttervater, oberster aller Götter, dem alle zu gehorchen haben; er ist freischweifend, besonders in seiner unersättlichen Liebe, niemand ist vor ihm sicher, weder Frauen noch Männer. Es wird denn auch jeweils erzählt, daß Hera deshalb so eifersüchtig sei, weil Zeus sie ständig betrüge. Und so vereinfacht und etwas verfälscht, wie wir die beiden kennen, sind sie dann doch für viele Ehen Modell geworden: sie die keifende Frau am Herd, eifersüchtig und schlecht gelaunt, er der schweifende, mächtige Mann.

Aber ganz so einfach liegt die Sache nicht. Daß die beiden in olympischer Zeit ständig im Streit liegen, das ist uns schon in der Ilias überliefert; ja die ganze Ilias, die den Krieg zwischen den Troern und den Achaiern schildert, wobei Zeus die Troer und Hera die Achaier unterstützt, scheint mir eine Ausformung ihres Streites, des Kampfes um die Macht zwischen Zeus und Hera zu sein. In der Ilias[4] werden Szenen aus dem Eheleben von Zeus und Hera geschildert:

Einmal kommt Thetis, die Mutter des Achill, zu Zeus und fleht ihn als Göttervater an, die Troer mit Siegeskraft zu stärken, bis die Achaier, deren Held Achill war, ihren Sohn genügend verehrt hätten. Zeus tut empört über ihr Ansinnen und sagt, Hera zanke eh schon mit ihm, »reize ihn durch schmähende Worte« im Kreise der Götter und werfe ihm vor, daß er den Troern helfe. Sie solle weggehen, ehe es Hera auffalle, daß sie dagewesen sei – und wie er die Sache dann richte, das solle sie ruhig ihm überlassen.

Hera aber hatte natürlich schon bemerkt, daß Zeus mit Thetis beratschlagt hatte. Darauf ergibt sich folgendes Gespräch, in dem Hera dem Zeus eine Reihe von Vorwürfen macht:

»Immer war es dir Freude, von mir hinweg dich entfernend,
heimlich ersonnenen Rat zu genehmigen.
Hast du noch niemals
willfährigen Geistes ein Wort gesagt, was du denkst!«

Darauf begann der Vater des Menschengeschlechts und der Götter:

»Here, nur nicht alles getraue dir, was ich beschließe,
einzusehn, schwer würde dir das, auch meiner Gemahlin!
Doch was mir, von den Göttern entfernt,
zu beschließen genehm ist,
solches darfst du mir nicht auskundigen oder erforschen.«

Darauf entgegnet ihm Hera empört:

»Welch ein Wort, Kronion, du Schrecklicher, hast du geredet!
Nie doch hab ich zuvor mich erkundiget oder geforschet,
sondern ganz in Ruhe beschließest du, was dir genehm ist.«

Und dann sagt sie ihm doch, daß sie jetzt Bedenken habe, Thetis könne ihn beschwatzt haben, und Zeus ruft darauf aus:

»Immer, du Wunderbare, vermutest du,
belauerst mich immer.
Doch nicht schafft dein Tun dir das mindeste,
sondern entfernter
wirst du im Herzen mir stets,
was dir noch schrecklicher sein wird.
Sitze denn ruhig und schweig,
und gehorche meinem Gebote!«

Nun greift Hephaistos, der Sohn der Hera, in den Ehestreit, der sich genausogut zwischen Sterblichen abspielen könnte, ein:

»Helios, oh, wird solches zuletzt uns gar unerträglich,
wenn ihr beide um Sterbliche nun euch also entzweiet
und zu Tumult aufreizet die Himmlischen!
Nichts ja genießt man
mehr von der Freude des Mahls,
denn es wird je länger, je ärger!
Jetzt ermahn ich die Mutter, wiewohl sie selber Verstand hat,
unserm Vater zu nahn mit Gefälligkeit, daß er hinfort nicht
schelte, der Vater Zeus, und uns zerrütte das Gastmahl.«

Der Sohn versucht, die streitenden Eltern zur Vernunft zu bringen, wie es ja bei diesen Streitehen unter den Sterblichen auch oft vorkommt.

Zeus läßt aber auch keine Gelegenheit aus, Hera zu kränken: Einmal sitzen sie wieder im Olymp und schauen auf Troia hinab. »Schnell versuchte Kronion, das Herz der Here zu kränken durch verspottende Worte.« In der olympischen Anschauung steht hinter jedem Helden ein Gott, der ihm in der Schlacht hilft. In diesem Sinn behauptet Zeus gegenüber Hera und Athene, sie stünden zwar beide hinter Menelaos, aber nicht sie hätten gesiegt, sondern Menelaos, der streitbare Held selber. Hera und Athene sind sehr gekränkt und sinnen Böses für die Troer, weil Zeus ihnen jetzt einen Sieg geben will. Hera ist sehr aufgebracht, will nicht vergeblich an der Vernichtung der Troer gearbeitet haben. Beide gestehen sich ein, jeweils mit Lust Städte des andern zu zerstören, und Hera sagt zum Schluß etwa sinngemäß: »Mach doch, was du willst, ich komme nicht an gegen dich.«

»Nichts doch schaffte mein Tun, denn weit gewaltiger bist du.
Aber auch mein Arbeiten geziemet es nicht zu vereiteln.
Denn auch ich bin Göttin,
entstammt dem Geschlechte, woher du.«

Hera ist also wieder einmal unterlegen im Rivalisieren mit Zeus, erinnert ihn aber daran, daß auch sie eine Göttin ist, also auch ihre Würde hat.

Aber im allgemeinen gibt sie sich doch eher resigniert: Einsam erscheint sie im Olymp, und die anwesenden Götter fragen sie nach dem, was sie ängstige. Alle vermuten, daß Zeus ihr wieder irgend etwas angetan habe. Hera aber spricht zu den Versammelten:

»Törichte, die wir mit Zeus uns so gedankenlos ereifern,
oder sein Tun zu stören uns abmühn, nahend mit Worten
oder mit Macht! Er sitzet von fern und achtet nicht unser,
unbesorgt; denn er dünkt sich vor allen unsterblichen Göttern
weit an Kraft und Gewalt den erhabensten sonder Vergleichung.«

Aber nicht immer ist Hera so resigniert, manchmal greift sie auch zur List, um Zeus, wenn ihn schon nicht zu besiegen, wenigstens erhebliche Probleme zu bereiten: Als Hera wieder einmal vom Olymp heruntersieht und feststellt, daß Zeus wiederum den Troern hilft, entschließt sie sich, Zeus zu verführen. Sie salbt sich, schmückt sich, und als sie sich schön genug dünkt, geht sie zu Aphrodite, der Tochter des Zeus, mit der Bitte: »Gib mir den Zauber der Lieb' und Sehnsucht.« Damit wolle sie zu ihren Eltern, zu Okeanos und Thetis, gehen,

»Denn schon lange vermeiden sie einer des andern
Hochzeitsbett und Umarmung,
getrennt durch bittere Feindschaft.«

Aphrodite löst von ihrem Busen den Liebesgürtel, der bei allen Menschen und Göttern unwiderstehliche Liebe bewirkt. Hera eilt nun auch noch zum Schlaf und bittet ihn, Zeus einzuschläfern, nachdem sie ihn umarmt hätte. Der Schlaf ist zwar skeptisch, hat Angst vor Zeus, dem Donnerer, und denkt daran, wie sehr sie schon einmal alle von ihm gestraft worden sind, als sie Zeus fesselten, weil sie seine Arroganz nicht mehr ertrugen. Doch als Hera ihm zum Dank eine der jüngeren Grazien verspricht, ist der Schlaf bereit zu tun, was sie von ihm fordert. Hera besteigt nun den Berg Ida, wo sich der Schlaf bereits auf eine Tanne niedergelassen hat. Auf der Höhe des Berges erblickt Zeus die Hera, und ihn erfaßt auf einmal ein großes Verlangen nach ihr, nur vergleichbar dem Verlangen bei ihrer ersten Begegnung, die sie noch vor den Eltern verborgen hielten. Doch Hera sagt ihm abweisend, sie sei eben auf dem Weg zu ihren Eltern, um zu erreichen, daß diese wieder einmal das Brautlager miteinander teilten. Aber Zeus umwirbt sie weiter und sagt: »Du magst nachher gehen, wohin du willst, wir wollen uns jetzt in Liebe vereinigen.«

Zeus umarmt die Gemahlin, und unten sprießen zugleich die grünen Kräuter auf. »Und dann schliefen die beiden, der Schlaf aber eilte zu Poseidon und sagte ihm, er könne jetzt den Troern Hilfe bringen.«

Was hier beschrieben ist als List der Hera – und List braucht immer der, der weniger der Gewalt mächtig ist –, ist andererseits noch einmal die Beschreibung der heiligen Hochzeit der beiden, die die Fruchtbarkeit der Erde gewährleistet. Zeus wird natürlich sehr wütend, als er merkt, daß er überlistet worden ist, und warnt Hera: Schon einmal hätte er sie doch am Himmel aufgehängt, mit zwei Ambossen an den Füßen und einem goldenen Band um die Hände. Und jeden, der ihr helfen wollte, den habe er weggeschleudert.

Es bedarf wohl keiner weiteren Belege dafür, daß zwischen Zeus und Hera eine Beziehung bestand, in der Macht, Rivalität, Vergeltung und Rache, sei es mit Brachialgewalt oder mit List, dominierten. Warum aber haben sie eine solche Beziehung? Von Hera bekamen wir den Eindruck, sie fühle sich verkannt und erinnere auch deshalb den Zeus immer wieder daran, daß sie eine Göttin sei. Dazu müssen wir beachten, daß es einerseits eine kretische Hera und einen kretischen Zeus und andererseits eine olympische Hera und einen olympischen Zeus gibt. Was wir bis jetzt betrachtet haben, ist die Fassung des Zeus-Hera-Mythos zur Zeit des olympischen Zeus, in der Zeus als Vater der Götter und der Menschen gilt, als Wettergott, der den Blitz der Waffe führt und als Ausdruck seiner Macht gebraucht. Auf Kreta, in der vorolympischen, minoischen Zeit, wo mit einiger Sicherheit eine matriarchale Gesellschaftsform herrschte[5], war Zeus im Unterschied dazu ein sterblicher Gott, der jedes Jahr von Rhea, einer Variante der Erdmutter Gaia, in der Diktäischen Höhle neu geboren wurde, als Bruder der Hera, versteckt vor seinem Vater Kronos, der seine Kinder jeweils verschluckte. Aus jener Zeit stammt eine Heiratsgeschichte, bei der Hera – wie nachher auf dem Olymp – den Zeus zur heiligen Hochzeit verführt, nach dem Muster der großen Mutter- und Liebesgöttin und ihrem Sohngeliebten. Hera war in der kretischen Zeit auch nicht die fade, eifersüchtige Göttin, wie sie uns aus der olympischen Zeit überliefert ist und wie sie als Göttin der Frauen[6] gerade Frauen gar nicht erwärmen kann.

In der kretischen Zeit war Hera eine der großen Erdmütter, die in drei Aspekten erscheinen: einmal als Göttin der Berge und der wilden Tiere, der olympischen Artemis vergleichbar; dann als Nymphengöttin, in deren Gestalt sie die heilige Hochzeit mit dem kretischen Zeus auf dem Ida-Gebirge feiert; und schließlich als Todesgöttin, der auch die Orakel unterstanden und die mit der Schlange Python verbunden ist, die als Symbol des schutzbringenden und heilkräftigen Geistes der unterirdischen Kräfte gilt. (In der olympischen Zeit sagte man dann, Hera habe den Python aus Rache dafür geboren, daß Zeus die Athene aus seinem Haupt geboren hat.) Im minoischen Kreta, das um 1400 v. Chr. durch einen Vulkanausbruch zerstört wurde, galt Hera als Göttin des Ackerbaus, aber auch der Weberei, der Kochkunst und der Medizin. Sie war die beherrschende Göttin des prähellenischen Griechenlands[7].

Eine andere Hochzeitsgeschichte zeigt dann, wie Zeus sich Hera untertan machte. Wenn Zeus wirklich an die Herrschaft über die Götter wollte, mußte er das auch tun. Als Zeus den Vater Kronos besiegt hatte, warb er um Hera. Sie wies ihn ab, da näherte er sich ihr als zerzauster Kuckuck, ließ auch noch einen Regen niedergehen, und Hera nahm den Kuckuck mitleidsvoll an ihre Brust, um ihn zu wärmen. Da verwandelte sich der Kuckuck-Zeus wiederum zurück in den Göttervater Zeus und wollte sie vergewaltigen. Sie gab nach unter der Bedingung, daß er sie heirate: »Heras erzwungene Heirat mit Zeus symbolisiert die Eroberung Kretas und des mykenischen, das heißt kretisierten Griechenlandes und den Sturz ihrer Herrschaft in beiden Ländern.«[8]

Damit ist aber auch der Übergang vom vorolympischen Matriarchat zum Patriarchat der olympischen Zeit vollzogen. Zeus übernimmt die Doppelaxt, die auf Kreta noch der Hera gehörte. Jetzt werden die späteren Streitereien der beiden viel verständlicher: Hera hat seitdem wirklich viel an Bedeutung eingebüßt und will sich ihre alte Bedeutung wieder verschaffen, samt der Weltanschauung, die sie verkörpert; Zeus hingegen muß seine noch junge Herrschaft um jeden Preis behaupten. Das zeigt sich auch darin, daß er alle die Fähigkeiten, die den Muttergöttinnen zugeschrieben werden und die diese charakterisierten, nun auch übernimmt. So gebiert er Kinder – aus seinem Kopf und aus seinen Beinen. Hier dürfte der tiefere Grund für den Dauerstreit zwischen Zeus und Hera liegen: in der Auseinandersetzung zwischen dem nachwirkenden Matriarchat und dem beginnenden Patriarchat. Dabei wurde Hera so sehr entwertet, daß sie sich rächen mußte. Die Behauptung, daß Hera nur aus Eifersucht so eklig war, wie man uns immer wieder weismachen will, ist kaum zu halten: Hera gilt im Mythos primär als Gattin des Zeus, sie ist nicht dazu da, Mutter seiner Kinder zu werden, dafür hat er andere Gemahlinnen. Des Zeus Untreue als einziges Motiv für ihre Eifersucht ist also wenig einsichtig. Auch Hera selber kann Kinder haben, unabhängig von Zeus. So könnte man also die Auseinandersetzung zwischen Zeus und Hera als eine Übergangsproblematik verstehen, die so lange anhält, bis eine neue Einigung erzielt ist. Indessen hat sich aber das Modell von Zeus und Hera sehr lange gehalten, und eigentlich könnte uns die griechische Mythologie gleichgültig sein, wenn sie nicht so sehr unser Denken beeinflußt hätte, und zwar in Gestalt jener späteren Mythologie der olympischen Zeit.

Wir kennen ähnliche Konflikte wie den von Zeus und Hera auch in unserer Psyche und auch im Alltagsleben dann, wenn eine alte und eine neue Strömung etwa gleich stark sind, wenn das Neue sich durchsetzen muß, das Alte aber nicht verschwinden will, ja vielleicht gerade stark sein muß, damit das Neue sich dagegen absetzen kann. Solche Situationen, die sich durch starke Spannungen ausdrücken, sind aber Übergangssituationen.

Entwicklungsmöglichkeiten eines Streit-Ehepaars

Zeus und Hera bleiben eigenartigerweise immer zusammen obwohl von Liebe zwischen ihnen doch eigentlich nicht die Rede sein kann. Auch die Streit-Ehepaare bleiben meistens zusammen. Das Paar, dessen »Vorstellungsgespräch« ich eingangs kurz skizzierte, kam in Therapie, weil die beiden Partner nicht auseinandergehen konnten, aber das Leben miteinander auch sehr mühsam fanden. Zudem begannen die größer werdenden Kinder inzwischen genauso zu streiten, wie sie es bei den Eltern gelernt hatten, und das fanden die Eltern unerträglich. Umgekehrt fanden die Kinder die Streitereien der Eltern auch unerträglich. Ähnlich wie Hephaistos Zeus und Hera mahnten sie zur Vernunft. Außerdem hatten die beiden auch sexuelle Probleme: Er litt manchmal an Ejaculatio praecox, sie war zeitweise anorgastisch. Im Zusammenhang mit dieser Streitehe kann man diese sexuellen Probleme unter dem Aspekt der gegenseitigen Bestrafung sehen. Da eine Abmachung zwischen ihnen bestand, sich gegenseitig alles zu sagen, mußten sie manchmal stundenlang darüber sprechen, wie sie denn eine Beziehung außerhalb der Ehe leben könnten. Jeder mögliche Partner des andern wurde dabei sofort entwertet. Beide reagierten massiv mit Eifersucht, waren aber wenig bereit, sich in den Partner einzufühlen, wenn er Eifersucht zeigte. Die Kontrolle der beiden übereinander war enorm.

Zu Beginn einer therapeutischen Sitzung entstand einmal durch einen Stau auf der Autobahn die Situation, daß von den beiden nur der Mann anwesend war. Obwohl ich mir bewußt machte, daß ich in der Behandlung dieses Paares große Schwierigkeiten bekommen konnte, wenn ich ein Gespräch nur mit einem der beiden führte, war ich neugierig darauf, wie denn dieser Mann – wenn er einmal ohne seine Frau war – sich verhalten würde, und gestaltete mit ihm allein die Sitzung, bis seine Frau kam, die uns das übrigens doch nicht übelnahm. Hatte er, wenn er mit seiner Frau zusammen kam, immer etwas »aufgeblasen« gewirkt, sich immer irgendwie in die Brust geworfen, so machte er allein eher einen depressiv-eingesunkenen Eindruck. Er klagte darüber, daß seine Frau viel leichter Beziehungen mit andern Menschen eingehen könne als er, er vermute sogar Liebesbeziehungen bei ihr; obwohl sie doch die Abmachung hätten, einander alles zu sagen, glaube er nicht wirklich daran, daß sie das tue. Er habe zwar immer ein schlechtes Gewissen, wenn er eine Beziehung eingehen wolle, aber wenn seine Frau eine Beziehung habe, müsse er auch eine haben . . . Traurig, überfordert brachte er zum Ausdruck, daß er unmöglich hinter seiner Frau zurückstehen könne. Auch wurde ihm einsichtig, wie viele Kräfte ihn die Konzentration auf dieses »Wie du mir, so ich dir« kostete, aber er betrachtete das als ein Schicksal, das er zu erfüllen hatte – so glaubte er wenigstens.

Ich fragte die beiden nach Beziehungsphantasien; da berichtete er: »Bei anderen Frauen habe ich schöne Phantasien, was sie alles mit mir machen könnten, ich mit ihnen; bei meiner Frau habe ich immer nur die Vorstellung, was sie wieder alles mit mir anstellen könnte, um mich zu demütigen. Wenn sie mich dann gerade nicht ansieht, wenn ich von ihr angesehen werden möchte, dann phantasiere ich, wie ich sie dafür bestrafen könnte, wie ich ihr zum Beispiel mit gelangweilter Stimme etwas erzählen könnte.«

Sie: »Früher hatte ich schon Phantasien, da kam er mir vor wie ein junger Gott. Aber jetzt denke ich nur: Was für ein Spielchen denkt er sich jetzt wieder aus? Ich phantasiere, daß er extra eine Beziehung mit einer Frau anfangen könnte, die ich nicht leiden kann und er auch nicht, denn im Grunde genommen haben wir denselben Geschmack. Damit könnte er mich treffen; auch damit, daß er mit Menschen, die ich nicht mag, über unsere Beziehung redet. Ich habe viel zu spät gemerkt, daß ich ihm nicht zeigen darf, wo er mich treffen kann.«

Die Beziehungsphantasien der beiden bewegen sich überwiegend im Bereich Zeus–Hera. Der Mann spricht zwar davon, daß er bei anderen Frauen schöne Phantasien hat, malt diese aber nicht aus. In der Schlußbemerkung der Frau, daß sie nie hätte zeigen sollen, wo sie verwundbar ist, zeigt sich, worauf die Tragödie einer so extremen Machtehe beruht: Keiner der beiden darf unter dieser Konstellation emotionell offen sein, keiner darf Schwächen zeigen, weil diese nur ausgenützt würden. Jeder muß also seine Schwächen verdrängen, damit aber auch sehr viele Erfahrungen und emotionelle Äußerungen.

An die Stelle von Liebe sind hier also Machtausübung und Kontrolle getreten, statt idealisiert wird entwertet. Dennoch fühlt sich dieses Paar einander sehr nahe, und auf die Frage nach einer möglichen Scheidungsphantasie sagen beide, sie sprächen zwar ständig davon, aber sie wollten keine Scheidung.

Sie erreichen Nähe zueinander durch Streit, durch Machtkampf. Streiten ist ihre Möglichkeit, eine größtmögliche Nähe bei größtmöglicher Abgrenzung voneinander zu erreichen. Nähe und Abgrenzung sind gleichzeitig erlebbar. Auch durch den Streit ist ein Gefühl von Überwindung des Getrenntseins voneinander zu erreichen, wenn diese Form auch mühsam ist.

Die Frau brachte einen ersten Traum in die Therapie: »Gericht. Ein weiblicher und ein männlicher Richter debattieren miteinander. Die Debatte ist sehr interessant und hat Regeln, die außer den beiden keiner versteht. Im Gerichtssaal sind viele Säuglinge, die schreien und wohl Hunger haben, aber niemand nimmt Notiz von ihnen. Sie schreien so laut, daß man die Richter kaum versteht. Ich schaue das Ganze von einer Empore aus an und überlege mir, ob ich zu den Säuglingen gehen soll. Die brauchen doch jemanden.«

Die Frau kann mit dem Traum wenig anfangen. Das Gericht sagt ihr nichts, sie hat aber Gefühle für diese Säuglinge, die seien da am falschen Ort, meint sie, die müßten doch gehalten und genährt werden.

Ich gebe ihr die subjektstufige Deutung, daß diese Säuglinge alle neue Lebensmöglichkeiten in ihr selbst seien, die aber gehalten und genährt werden müßten, und daß sie vielleicht auch manchmal das Gefühl habe, sie selbst müßte gehalten und genährt werden, statt daß nur immer alles in ihrer Beziehung nach dem Muster »Wer hat recht?« (Gericht) ablaufe.

In diesem Traum ist natürlich auch ausgedrückt, daß diese beiden debattierenden Richter Erlebnis- und Verarbeitungsmöglichkeiten in ihr selbst entsprechen, aber die Säuglinge sich nun in den Vordergrund schreien. Auch eine Kritik an mir ist darin enthalten, wenn sie sagt, daß die Regeln dieses Debattierens niemand verstehe außer den beiden Debattierenden. Falls ich in jener Situation hätte verstehen wollen oder müssen, dann hätte sie mich getroffen. Diese Gedanken äußerte ich ihr gegenüber nicht, ich nahm nur den Aspekt mit den Säuglingen auf.

Dazu sagte sie mit einem kleinen Aufleuchten in den Augen, sie würde schon gern manchmal wie ein Säugling behandelt werden, aber wenn ihr Mann nicht manchmal dasselbe wolle, dann dürfe sie solchen »weiblichen Ansprüchen« eben nicht nachgeben. Obwohl der Traum eine mögliche Öffnung anzeigte, blieb die Situation so, wie sie war: blokkiert.

Natürlich wird man sich fragen können, warum denn ein Paar so sehr auf dieser Machtebene miteinander umgeht. Ich denke, daß es verschiedene Gründe dafür gibt. Zunächst ist noch nachzutragen, daß dieses Paar nicht von Anfang an Zeus und Hera gespielt hat; beide beschreiben sich vielmehr übereinstimmend als ein außerordentlich zärtliches Paar, bei dem es kaum je Differenzen gegeben habe, da beide schon immer dasselbe gewollt und einander so lieb gehabt hätten . . .

Die Schwierigkeiten begannen mit der Hochzeit – da hatten sie auch zum ersten Mal eine gemeinsame Wohnung. Bei der Beschreibung der Verlobungszeit zeigte sich, daß die beiden damals eine sehr romantisierende Beziehungsphantasie hatten, wohl auch Konflikte einfach ausgeblendet hatten und offenbar sehr symbiotisch miteinander waren. Solange sie nicht zusammenwohnten, war für Abgrenzung immer wieder gesorgt. Sie konnten unbefangen sehr viel Nähe zulassen, da sie ja nur vorübergehend zugelassen werden mußte.

Die rivalisierende Machtkollusion läßt sich einerseits – wie schon erwähnt – von daher verstehen, daß beide größtmögliche Nähe bei größtmöglicher Abgrenzung dabei suchen und auch erreichen können. Der familiäre Hintergrund der beiden kann diese Erklärung noch etwas erweitern und auch ein Licht darauf werfen, wie sich eine solche Zeus-Hera-Konstellation intrapsychisch ereignen und auswirken kann.

Beide stammen aus Familien, in denen die Frauen stark und in der Überzahl waren. Schon in der Familie der Frau bestand eine Zeus-Hera-Kollusion, da eine starke Mutter mit dem Vater, der sich auch stark gab, ständig rivalisierte. Sie machten sich beide gegenseitig immer schlecht, sobald einer von beiden aber von außen schlechtgemacht wurde, hielten sie zusammen. Die Kinder lernten, daß, wenn sie die Eltern angriffen, diese so taten, als ob sie in Harmonie lebten. Die Frau hatte also das Zeus-Hera-Verhalten geradezu gelernt. Die Analysandin fand es gut, daß ihre Mutter eine starke Frau war, die sich nicht ständig duckte, sie fand die Mutter aber zu wenig weiblich. Sie spürte, daß sie selbst auch eine starke Frau war, forderte aber von sich, daß sie zugleich auch eine »richtige« Frau werden sollte, ohne ihre Stärke zu verleugnen. Wobei »richtig« bedeutet, all das zu haben, was das geltende Rollenstereotyp ausmacht, und für sie war das: anschmiegsam, weich, beeindruckbar zu sein und so weiter. Diese Wünsche und Lebensmöglichkeiten erlebte sie in Spannung zu ihrer Stärke, die sie zunächst als nur männlich ansah.

Der Mann stammte aus einer Familie, in der Mutter und

Großmutter für das Geldverdienen zuständig waren, damit der Vater, ein Künstler, der nie den großen Durchbruch schaffte, sich seiner Kunst widmen konnte. Der Mann hatte die beiden Frauen und auch seine Schwestern als angenehm empfunden, die Mutter als fürsorglich und gemütvoll; er forderte aber von sich, daß er nun ein »richtiger« Mann werden sollte.

Beide Partner haben in sich sowohl starke weibliche als auch starke männliche Anteile, und wenn sie nicht von sich verlangt hätten, daß er ein durch und durch männlicher Mann sein müsse und sie eine ganz und gar weibliche Frau – was sie jeweils mit dem gängigen Rollenstereotyp gleichgesetzt hatten –, dann hätten sie wohl von Anfang an eine sehr reiche Beziehung leben können. Sie konnte diesen ihren Anspruch noch weniger erfüllen als er, mußte sie doch »weiblich« sein und zugleich sehr stark. So war sie sehr uneins mit sich und sah den Grund vor allem im Ehemann, den sie dafür verantwortlich machte, daß sie ihre Bedürfnisse nach Zärtlichkeit nicht leben konnte.

Wenn in einem Menschen die männlichen und weiblichen Anteile beide stark sind, aus irgendeinem Grunde aber nur die weiblichen oder nur die männlichen Anteile gelebt werden dürfen, erzeugen die anderen Anteile intrapsychisch einen Konflikt und daraus resultierend Aggression, Entwertung und Dominanzverhalten.

Die Streitphase wäre eine Übergangsphase gewesen und geblieben, wenn die beiden ihr Spiel durchschaut und jeder für sich eingesehen hätte, wieviel an »weiblichen« und wieviel an »männlichen« Bedürfnissen er habe, und wenn er diese bei sich zugelassen hätte. Die Streitphase hätte dabei sehr fruchtbar werden können, um sich selbst besser zu erkennen, im Zusammenhang mit einem Partner. Sie wäre auch dann eine Übergangsphase gewesen, wenn das »Dominieren« bei beiden nicht so sehr – wohl auch durch die Zeitsituation bedingt – im Vordergrund gestanden hätte: von ihm aus, weil ein »rechter« Mann die Hosen jederzeit zu tragen habe; von ihr aus, weil sie nicht gewillt war, eine untergeordnete Rolle zu spielen, und von ihrer psychischen Struktur her auch nicht dafür geeignet war. Da die beiden im Grunde genommen dasselbe Problem hatten, nämlich die weichen, nachgiebigen Seiten nicht zeigen zu können, und das Dominieren-Wollen über den andern nur beim Partner sahen, stabilisierten sie sich so in ihrem Streitverhalten.

Wir traten auf der Stelle, und ich bat die beiden, sich einmal eine Beziehungsphantasie einer guten Ehe auszuphantasieren.

Er: »Ich sehe mich mit einer jungen, weichen, anschmiegsamen Frau in einer Frühlingswiese liegen, ich bekomme von ihr etwas Gutes zu essen, darf sie auch verwöhnen, wir genießen einfach und sind lieb miteinander. Ich sehe mich als älteren, souveränen Mann, der über den Dingen steht, der deshalb auch bestimmen darf und dafür bewundert wird.«

Sie: »Ich steige mit einem jungen, interessanten Mann auf einen Berg. Unterwegs setzen wir uns dann unter einen Felsvorsprung, weil ein Gewitter niedergeht. Wir lieben uns und freuen uns, daß wir nicht allein sind. Ich möchte ganz hingebungsvoll sein, mich nicht immer wehren müssen.«

In diesen Bildern einer guten Ehe sind bereits neue Beziehungsphantasien ausgedrückt, die einen Wandel mit sich bringen könnten. Er sucht dabei das Muster: älterer Mann – junges Mädchen zu realisieren, ein Muster, das wir von Zeus kennen, wenn er sich zum Beispiel mit den Nymphen zusammentut. Es ist das Muster Vater–Tochter, wie es uns auch von Simon Magus und Helena, Merlin und Viviane, von Faust und Helena, aber auch von Hatem und Suleika aus dem Westöstlichen Diwan bekannt ist. Es ist eine Beziehungsphantasie, in der der alte Mann sich als derjenige sieht, der seine ganze Lebenserfahrung – bei Zeus auch seine ganze Mächtigkeit – in Liebe noch einmal einer Frau schenkt und dafür ihre Jugend, ihre Bewunderung, ihr Lebendigsein erhält. Als Beziehungsphantasie zu einem Partner ist es aber die Vater-Tochter-Beziehung, die hier noch einmal Gestalt annimmt, samt dem Aspekt der Erneuerung, der sich darin auch ausdrückt. Diese Konstellation vermittelt dem Mann, noch einmal jung zu sein, dem Tod ein Schnippchen zu schlagen, gerade auch, weil ihm an der jungen Partnerin immer wieder aufgeht, daß er nicht mehr jung ist. Diese Konstellation beinhaltet aber auch ein Gefälle zwischen Mann und Frau, ist es doch selbstverständlich, daß der ältere Mann die Führung übernimmt, weil er doch das Leben kennt. Mit der Tochter-Rolle wird aber die Autonomie der Frau geschmälert.

Dieses Beziehungsmuster bietet sich auch auf der Machtebene an; die Macht bleibt dem Manne erhalten, gleichzeitig aber wird auch die Liebe möglich. Fast scheint es so, als wäre ein Ausweg aus dem Dilemma für das Streitpaar gefunden. Aber dieser Ausweg besteht zunächst in der Phantasie, ein Übergang ist nicht geschaffen.

Die Beziehungsphantasie der Frau zeigt, daß auch sie einen Ausweg sucht; sie sieht sich mit einem jungen, interessanten Mann. Auf ihre Frage, wie sie sich denn selbst sieht in dieser Imagination, sagt sie: »Mütterlich, aber hübsch und sehr verführerisch, auf jeden Fall gebe ich den Ton an, sage ich, was wir machen wollen.« Ihre Beziehungsphantasie entspricht dem Beziehungsmuster der großen Göttin zu ihrem Sohngeliebten: dem Muster Ishtar–Tammuz. Das Beziegungsmuster Mutter–Sohn aus der matriarchalen Periode der Menschheit wird in der Frau aktiviert.

Dabei stellt sich heraus, daß sie sich die Beziehung etwas spannungsvoller vorstellt als ihr Mann. Sie will auf einen Berg steigen, also eine Anstrengung auf sich nehmen, gleichzeitig von einem erhöhten Standpunkt aus Überblick haben, läßt aber auch ein Gewitter niedergehen, so daß die Höhle ganz besonders schützend und bergend erlebt werden kann – in knisternder Atmosphäre. Übrigens könnte man den Felsvorsprung in ihrer Phantasie als Zeushöhle auf Kreta sehen, wo jeweils der junge Gott wiedergeboren wird. Auch insofern sind die matriarchalen Strukturen sichtbar.

Ungeachtet dieser Phantasien stritten die beiden wie Zeus und Hera weiter, demütigten einander und versuchten, übereinander Sieger zu sein. Da fiel etwa der Satz, von ihm ausgesprochen: »In einer Zeit, in der Werte so unsicher geworden sind, ist Siegen wenigstens ein klarer Wert.« Ich versuchte, die beiden dazu zu bringen, einander zuzuhören, trainierte sie darin, daß sie »Ich-Botschaften« austauschten, also einander ihre Gefühle sagten und nicht nur Vorwürfe und Mängellisten des Partners, und ich regte sie an, Beziehungsphantasien zu gestalten, aber eigentlich geschah dann lange Zeit sehr wenig.

Um auch dem Leser ein wenig die Länge dieser Durststrecke erfahrbar zu machen, möchte ich deshalb unser Streitehepaar für eine Weile verlassen und, ehe ich zur Lösung seiner Probleme komme, erst einmal auf das Paar alter Mann und junges Mädchen eingehen, ein Paar, dem wir in der Gegenwart oft real begegnen und das oft auch Gegenstand unserer Beziehungsphantasien ist.

Anmerkungen

1 Willi, J., Die Zweierbeziehung, Hamburg 1975, S. 123ff.
2 vgl. Willi, a.a.O., S. 123
3 Albee, E., Wer hat Angst vor Virginia Woolf?, Frankfurt 1982
4 Homer, Ilias. Übertragen von Johann Heinrich Voss, München 1980
5 Göttner-Abendroth, H., Die Göttin und ihr Heros, München 1980, S. 33
6 Lexikon der Antike in fünf Bänden. Der kleine Pauly, Bd. 2, München 1979, S. 1028ff.
7 vgl. Ranke-Graves, R. von, Griechische Mythologie, rde 113, Hamburg 1955, 1982, S. 42, und Göttner-Abendroth, H., Die Göttin und ihr Heros, München 1980, S. 41–45
8 vgl. Ranke-Graves, a.a.O., S. 42

Merlin und Viviane

Der alte Weise und das junge Mädchen

Du beschämst wie Morgenröte
Jener Gipfel ernste Wand,
Und noch einmal fühlet Hatem
Frühlingshauch und Sommerbrand.

Hatem

Nimmer will ich dich verlieren!
Liebe gibt der Liebe Kraft.
Magst du meine Jugend zieren
Mit gewaltger Leidenschaft.

Suleika

Johann Wolfgang von Goethe

Merlins Verzauberung in der Weißdornhecke

Merlin und Viviane, von der mittelalterlichen Epik beschrieben, sind ein Paar, das ausdrücklich das Beziehungsmuster alter Mann – junges Mädchen lebt und über dessen Beziehung wir recht gut informiert sind. Mit diesem Paar hat es eine besondere Bewandtnis, da Viviane am Schluß der Geschichte diejenige ist, die frei ist, Merlin dagegen ist verzaubert, ganz im Unterschied zu Zeus etwa, der seine Nymphen nach jeder Beziehung einfach wieder ihrem Schicksal überlassen hat. Damit wird aber ein Aspekt des Beziehungsmusters alter Mann – junges Mädchen sichtbar, der mir sehr wesentlich zu sein scheint, damit wir diese Beziehungsphantasie nicht einfach aus der Perspektive sehen, daß die junge Frau durch solch eine Beziehung jeweils gemindert würde – sie kann gemindert werden, sie kann aber gerade durch eine solche Beziehung auch einen wichtigen Schritt in Richtung Autonomie tun.

Mit dieser Geschichte hat es aber noch eine weitere Bewandtnis: Wir erleben heute so etwas wie eine Merlin-Renaissance, die sich darin zeigt, daß Bücher über Merlin neu aufgelegt und Theaterstücke über ihn aufgeführt werden[1]. Eine ganze Film- und Literaturgattung erfreut sich seit einigen Jahren steigender Beliebtheit: die Fantasy-Literatur, in der Merlin eine wichtige Rolle spielt. Wenn Merlin in unserer Phantasie wieder auftaucht, dann heißt das wohl, daß uns Merlinisches fehlt. Merlin hatte sich aber gerade durch die Beziehung zu Viviane aus der Welt gezogen. Vielleicht gibt uns das Bedenken der Geschichte der beiden auch Hinweise darauf, wie Merlinisches denn heute – nicht einfach als Neuauflage des alten Merlin – bei uns mitleben könnte. Diese Frage möchte ich mit im Auge behalten, wenn ich dieser Beziehung und der damit verbundenen Beziehungsphantasie nachgehe.

Frederik Hetmann erzählt: »Im Wald von Broceliande begegnet der uralte, aus der Zeit gefallene Merlin dem Mädchen Niniane (= Viviane). Mit einem Zweig beschreibt er um sich und die Geliebte einen Zauberkreis. Musik klingt auf, Tanzende sehen sie. Die Blumen und Kräuter duften stärker. Die Sonne steigt höher am Himmel. Eine Hecke ist aufgewachsen und verbirgt die Liebenden vor den neugierigen Augen der Welt. Zauber des Spiels, Zauber der Liebe. Liebesspiel. Niniane verlangt von dem uralten Geliebten, daß er ihr die Formel, die solchen Zauber bewirkt, verrate. Merlin, voller Erwartung auf ihre Hingabe, geht auf die Bitte ein. Es ist ein Tausch, aber kein Handel. Ihm fällt ihre Jugend zu, ihr die Weisheit seines Alters. Nachdem sie miteinander geschlafen haben, legt Merlin seinen Kopf in den Schoß der Geliebten. Fingerspitzen zeichnen die Rundungen ihrer Wangen, ihre Lippen, ihre Brüste nach. So verschwimmen Wirklichkeit und Traum. Da steht sie auf, murmelt neunmal das Zauberwort. Jetzt ist der Zauber unauflösbar. Sie setzt sich wieder, bettet den Kopf des Träumers auf ihre Schenkel. Merlin erwacht. Es ist ihm, als liege er auf einem Lager in einem hohen Turm. Dann begreift er, was geschehen ist. Er sagt zu Niniane: ›Du hast mich betrogen, wenn du jetzt nicht immer bei mir bleibst, denn niemand außer dir kann mich aus diesem Turm ziehen.‹ ›Mein zärtlicher Freund‹, antwortete sie, ›ich werde oft in deinen Armen liegen.‹ Und das Mädchen hält sein Versprechen. Nur wenige Tage und Nächte vergehen, da sie nicht bei ihm ist. Merlin kann sich nicht von der Stelle rühren. Sie aber kommt und geht, wie es ihr gefällt.«[2]

Der Weißdorn galt im Mittelalter als Symbol der Vorsicht – der Vorsicht, die man braucht, um einen Weißdorn zu pflükken –, er gilt aber auch als ein Symbol der Hoffnung[3]. So werden wir uns nun also vorsichtig dem Weißdornbusch nähern, wünschend, daß uns die Hoffnung dabei nicht abhanden kommt.

Robert de Boron[4] erzählt diese Verzauberung breiter, farbiger; aus seiner Geschichte werde ich einige Ergänzungen anbringen, von denen ich meine, daß sie wichtig sind, um dieses Paar zu verstehen.

Viviane ist nach de Boron die Tochter eines Lehensmannes, der Dyonas hieß und bei dem oft die Göttin des Waldes, Diana, ein- und ausging. Diana war es, die Dyonas, ihrem Patensohn, versprochen hatte, daß sein erstes Kind eine Tochter sein sollte, und diese Tochter sollte nach dem Tod der Diana so sehr vom weisesten Manne auf der Welt begehrt werden, daß sie »zur Zeit des Uter-Pendragon zu großem Ansehen kommen« werde. Es geschah so, wie Diana gesagt hatte, Dyonas zeugte eine Tochter, die den Namen Viviane bekam.

Nach der Erzählung von de Boron treffen sich Merlin und die ganz junge Viviane an einer Quelle, »die sich zu einem schönen und hellen Weiher ausdehnte«. Hier spielte Viviane oft. Bei der ersten Begegnung mit ihr nahm Merlin die Gestalt eines schönen Junkers an. Er erzählt ihr, daß er ein Schloß »auf der Stelle aufwachsen lassen könne«, daß er über das Wasser schreiten könne, ohne sich die Füße zu netzen, und einen Fluß strömen lassen, wo bisher keiner gewesen sei. Viviane möchte diese Spiele auch lernen; als Gegengabe bietet sie an, alle Tage ihres Lebens seine Vertraute und Freundin zu werden. Merlin ist hoch erfreut darüber. Viviane ist aber auf der Hut. Merlin zaubert, sie will aber selber zaubern lernen, bevor sie ihm ein »Unterpfand ihrer Liebe gibt«. Nachdem sie von ihm auch noch gehört hat, daß er einen großen Teil der zukünftigen Dinge kennt, also vorausschauen kann, ist sie sehr zufrieden und meint, mit solchen Künsten ließe es sich doch recht gut leben.

Noch einmal verläßt Merlin Viviane, geht zu seinem Lehrer Blasius und nimmt Abschied von König Arthur. Zu Blasius sagt er, daß das sein letzter Besuch sei, weil er jetzt zu Viviane gehe und keine Macht mehr habe, sie zu verlassen oder nach seinem eigenen Willen zu kommen und zu gehen. »Ich bin so gebannt von ihrer Liebe.«

Er geht zu Viviane, und sie forscht ihn die ganze Zeit nach seinen Künsten aus, er lehrt sie so viel davon, daß man ihn »für alle Zeit für einen Zauberer hielt. In diesem Ruf steht er noch. Alles Gelernte behielt sie gut im Gedächtnis und schrieb es auf.«

Viviane überlegt, was sie denn noch von ihm lernen könne. Ihr Bedürfnis ist, ihn für immer und ewig zu fesseln. »Ich bitte Euch, lehrt mich, auf welche Art ich einen Mann ohne Turm und ohne Mauer und ohne Eisen durch Zauberkraft einschließen kann, so daß er niemals mehr herauskommt außer durch meinen Willen. Als Merlin diese Worte vernahm, ließ er den Kopf hängen und begann aus tiefem Herzen zu seufzen.« Er bekennt ihr, daß er durch ihre Liebe so gefesselt sei, daß er ihren Willen erfüllen müsse. Viviane aber erklärt ihm, daß die große Liebe zu ihm auch sie ganz erfülle und an ihm ihr ganzes

Denken, Sehnen und Verlangen hänge. »Da ich Euch liebe und Ihr mich liebt, ist es denn nicht recht, daß Ihr meinen Willen tut und ich den Eurigen?« Merlin ist nun auch freudig davon überzeugt und fragt Viviane nach ihrem Willen. »Herr, ich will, daß Ihr mich lehrt, einen schönen und lieblichen Ort zu schaffen, den ich durch meine Kunst so stark abschließen kann, daß er niemals aufgebrochen wird. Dort wollen wir zusammensein, ich und Ihr, so oft es uns gefällt, in Freude und Wonne.« Merlin will ihr diesen Ort zaubern. Sie aber sagt: »Herr, ich will keineswegs, daß *Ihr* es richtet, sondern Ihr sollt mich lehren, wie *ich* es machen kann: denn ich will es so machen, wie es am besten nach meinem Willen ist.« Auch das gewährt Merlin.

Eines Tages dann, als sie durch den Wald spazieren, finden sie einen schönen Weißdornbusch, über und über mit Blüten bedeckt. Dort setzen sie sich, Merlin legt den Kopf in den Schoß des Fräuleins, sie liebkost ihn zärtlich, und dann schläft er ein. Als er schläft, erhebt sich Viviane, beginnt einen Kreis um ihn zu ziehen und um den Busch, beginnt, ihre Zauberworte zu sprechen, tritt wieder in den Busch, legt sein Haupt erneut in ihren Schoß und hält ihn, bis er erwacht. Als er erwacht, »da war ihm, als sei er im schönsten Turm der Welt und liege auf das schönste Lager gebettet«. Zu Viviane sagt er: »Edle Frau, Ihr habt mich betrogen, wenn Ihr nun nicht bei mir bleibt; denn keiner hat die Macht dazu außer Euch, den Bann dieses Turmes aufzulösen.« Sie verspricht ihm, daß sie oft bei ihm sein werde, und hält dieses Versprechen auch. Er kann niemals mehr aus dieser Festung heraus, die Viviane ihm gesetzt hat, sie aber kommt und geht, sooft sie will.

Wie immer man dieses Aus-der-Welt-Treten Merlins bewerten mag – und es ist sehr verschieden bewertet worden (etwa so, daß er dem Eros und der Sexualität verfallen sei und dadurch seine Zauberkraft eingebüßt habe) –, tot ist er jedenfalls nicht; nur zurückgezogen, gebannt im Wald, aus dem er auch stammt. Sein Wissen und seine Macht sind in den Händen der Viviane, also unverloren, auch wenn zunächst nicht klar ist, was sie damit anfängt.

Will Merlin mit dem von ihm geplanten und voraus »geschauten« Rückzug andeuten, daß er nicht mehr in der

Welt der äußeren Eroberungen anzutreffen ist, sich nicht mehr um Arthurs Kriege kümmert, auch nicht mehr hinter der Gralssuche in der ursprünglichen Form steht, sondern daß er jetzt in der *»Liebe«* und in der Beziehung allgemein anzutreffen ist? Entscheidet er so von sich aus, oder wird ihm das von den Verfassern der Sagen in ihrer Phantasie unterlegt, daß sein Wirken nun ein grundsätzlich anderes sein wird (»der uralte, aus der Zeit gefallene Merlin . . .«), daß er sich erneuert?

Wir treffen das Merlinische geheimnisvoll verborgen im Wald an, halb Idylle, halb tragische Verstrickung (wie wohl jede Liebe), Viviane verbunden, unlösbar. Sicher spielt bei diesem Bild die Auseinandersetzung der Geschlechter eine Rolle: Der schweifende, sich ständig verändernde Merlin wird von der Frau gebannt, und die Frau kann jetzt schweifen. Deshalb kann diese Verbindung von Hetmann auch als Metapher für »die Aufhebung der Herrschaft des einen Geschlechts über das andere«[5] verstanden werden. Heide Göttner-Abendroth[6] würde in der Beziehung der beiden die matriarchale Beziehungsform sehen, in der die Frau sich ihren Geliebten wählt und der Mann sich ihr unterstellt, wobei dann aber wirklich Liebe herrscht.

Für mich ist dieser Ort im Wald und diese Liebesverbindung von Merlin und Viviane, die beide zugleich bannt, der Ort, wo wir beide finden und von wo wir sie vielleicht auch wieder herauslocken können. Auch geht es dabei nicht um Merlin allein, sondern um ihn in der Verbindung zu Viviane.

Sowohl Merlin als auch Viviane gehören in den *Waldbereich*. Merlin ist im Zauberwald ansässig, im »Tal ohne Wiederkehr«[7]. Dieser Wald grenzt ans Jenseits, damit ist wohl ausgedrückt, daß er an das Umheimliche grenzt, das dem Menschen begegnet bei seiner Suche nach dem Weg im Dunkel des Waldes. Der Wald birgt und verbirgt Leben, Nahrung, Tiere, Geheimnisse des Wachstums der Natur; aber der Mensch muß hineingehen, um all das zu entbergen. Und so ist denn der Wald Symbol geworden für jene Aspekte unserer Seele, die wir von unserem alltäglichen Leben etwas ausgrenzen, wo aber ein wild wucherndes Wachstum herrscht, unsere tierischen Seiten sich vergnügen oder sich zerreißen, wo es etwas dunkel ist – alles nicht so klar durchschaubar –, lebendig, aber auch etwas bedrohlich. Es ist eine Welt des Rückzugs, des uns erfrischenden oder des uns ängstigenden. Der Rückzug hat oft den Charakter einer Initiation, in der ein Übergang von einer Phase unseres Lebens in eine andere ausgehalten, ausgestanden und durchgetragen wird.

Wald erleben wir in uns oft dann, wenn wir uns nicht mehr zu helfen wissen und uns unseren Phantasien überlassen, sie nicht mehr kontrollieren, wenn wir uns wirklich auf das einlassen, was sie uns an Bildern anbieten, wenn wir unsere Emotionen wahrnehmen, unsere Triebe, unser Getriebensein. Wir reden dann oft von Chaos und denken nicht daran, daß wir immer das Chaos nennen, worin wir keine Ordnung sehen können. Emotionen, Triebe haben aber durchaus auch eine Ordnung, aber ihre ihnen gemäße Ordnung, wie auch der wild wuchernde Wald eine Ordnung hat. Aber wenn wir zu wenig im Wald sind, verstehen wir seine Ordnung nicht. Wenn wir immer unsere Emotionen, Triebe vermeiden oder abspalten als etwas, das nicht sein soll, dann werden wir nie hinter ihre Ordnung kommen, dann erleben wir sie als Chaos und fürchten uns. Die Phantasien, die ich mit dem Wald in Zusammenhang bringe, sind von der Farbe »grün« geprägt[8], sie haben mit dem Immer-neu-Werden zu tun – und insofern mit der Hoffnung. Aber es gibt kein Werden ohne ein Vergehen.

Im Wald befindet sich das Schloß Merlins mit den berühmten »Fenstern ohne Zahl«. Er als Meister der Wildnis hat ein Haus mit unendlich vielen Eingängen und ebenso vielen Ausgängen, es lädt zum Aufenthalt ein, entläßt den Suchenden aber auch wieder in die Welt.

Merlin als Meister der Wildnis kann mit den Möglichkeiten der Phantasie, der Imagination, mit den Bildern, der Ein-Bildung umgehen. Er ist der Natur so sehr verbunden, daß er ihre Gesetze kennt und sie deshalb auch »vorausschauen« kann – nicht vorausplanen, sondern vorausschauen. So verkörpert er die Ordnung, die in dieser wild wuchernden Natur sich verbirgt, und kann deshalb auch mit Kräutern umgehen. Vielleicht spielen diese Kräuter auch eine Rolle im Erzeugen der Imaginationen, der Visionen. Dann läge auch da ein Aspekt des Gefährlichen, Unheimlichen.

Kann Merlin deshalb zaubern, weil er größere Zusammenhänge erahnt, kann er deshalb zum Ratgeber des Königs werden, die Ritter auf die Suche nach dem Gral schicken, überhaupt eine Imagination des Grals kreieren, eine Phantasie darüber, was denn dieser höchste Wert sein könnte? Kann er deshalb die Ritter dazu ver-führen, diesen höchsten Wert zu suchen? Dabei stellt sich gerade bei der Gralssuche heraus, daß der Weg das Wichtigste ist, also die Suche nach dem verborgenen Sinn hinter allen Erscheinungen, hinter allem Lebendigen, hinter dem Leben samt den Erlebnissen, die man dabei hat. Denn was der Gral wirklich ist, wissen wir nicht, auch wenn es viele Erklärungsversuche gibt. Der Gral ist ein Bild für einen höchsten Wert, der in sich immer noch einen »Bedeutungsüberschuß« hat und uns lockt, nach seinem verborgenen Sinn zu suchen.

Unsere Phantasien, Imaginationen, Ein-Bildungen abwerten hieße, Merlin wieder in seinen Wald verbannen. Die Fähigkeit, sich von allen möglichen Aspekten des Lebens Bilder machen zu können, ist eine vorzüglich menschliche Eigenschaft. Imaginationen sind weder gut noch schlecht. Ob Einfälle sich gut oder schlecht auswirken, hängt damit zusammen, was wir mit ihnen tun. In der Phantasie schaffen wir unsere Welt, unsere Sicht der Welt, unsere Beziehungen zu den Menschen, zu Gott, zur Natur. Alle unsere Wahrnehmungen sind immer auch mit unseren inneren Bildern, mit unseren Imaginationen vermischt (auch wenn wir meinen, wir seien noch so objektiv, ist immer auch ein Stück Imagination damit verbunden). Es geht also keineswegs darum, Imaginationen zu vermeiden, sondern darum, ihnen zu vertrauen und sie so zu verfeinern, daß wir ihre Gesetze kennenlernen, ihren Beitrag zum Erfassen von Wirklichkeit. In den Imaginationen zeigt sich nicht nur unsere bewußte Welt, sondern auch unsere unbewußte. Da bewegen wir uns im Grenzbereich, sind Bürger zweier Welten, gestalten, was uns ängstigt, was uns freut, was uns bewegt, gestalten auch uns selbst. Die Bilder, die wir von uns haben, haben einen großen Einfluß auf unser Selbstverständnis. In der Imagination machen wir sie nicht, in der Imagination bringen wir sie hervor.

Wir wissen alle, daß heute das träumerische, ahnende Sehen wesentlich weniger hoch geachtet wird als das streng logische, klare Denken. Natürlich besteht die Gefahr, daß wir uns »im

Wald« verlieren: Aus der Phantasie kann Phantastik werden, die Schau kann ausufern in Visionen, die uns aus der Menschenwelt entführen. Aber auch das klare Denken hat seine »Verfallsmöglichkeiten«, und wie fehl am Platze ist klares Denken dort, wo Intuition oder Gefühl am Platze wäre. Wie sehr kann uns das klare Denken dazu verleiten, ein Problem als das Ganze zu nehmen, während es jeweils nur ein kleiner Ausschnitt aus einem eher globalen Problem ist. Das führt dann oft dazu, daß wir Lösungen finden, die im Endeffekt mehr Probleme aufwerfen als aufheben.

Merlin hat – so die Sagen – im Leben von König Arthur eine große Rolle gespielt. Wenn er eine archetypische Figur ist, hat er vielleicht auch heute seine Wirksamkeit, als »alter weiser Mann«, der die Weisheit der Menschheit verkörpert, das Ahnungsvermögen und das Sehvermögen des Menschen in Verbindung mit der Natur. Denn das ist das Spezielle an Merlin, daß in seiner Gestalt die Verbindung zur Natur stark betont ist. Er ist der, der die Kraft hat, das Leben zu deuten, der durch seine Sicht aber auch die Hoffnung gibt, daß das Leben zu bewältigen ist. Wir kennen noch andere Personifikationen der Gestalt der alten Weisen, zum Beispiel Laotse, die aber weniger dem Naturbereich angehören. Merlin aber ist ganz dem Naturbereich verbunden. Und wenn ich sage, daß er für die Wirkungskraft des Imaginativen stehen kann, dann wirkt dieses Imaginative bei ihm in einer ganz ausgeprägten Form. Er ist in der Reihe der Schamanen zu sehen, die jeweils die großen Träume für ihren Clan träumten, die großen Bilder für die Gemeinschaft schauten.

Das ist bei uns nicht mehr. Die Zeiten sind vorbei, in denen ein Arthur für seine ihm anvertrauten Untergebenen »sorgt« – und deshalb wohl geht es heute darum, daß jeder Mensch seinen alten Weisen und seine alte Weise in der eigenen Seele findet. Merlin kann als Personifikation der Weisheit gelten, die in den imaginativen Fähigkeiten der Menschen zum Ausdruck kommt, gepaart mit einem großen Vertrauen und der Übereinstimmung mit den Rhythmen der Natur. In ihm wird aber auch ausgedrückt, daß der, der diese imaginativen Fähigkeiten hat, ein »Zauberer« ist, auf eine zauberische Art und Weise die Welt verändern kann. Das ergibt sich notwendigerweise aus dem Wesen der Imagination, denn in der Imagination verändern wir, verzaubern wir die Welt, verzaubern wir auch uns selbst. Das ist nachprüfbar: Ob wir uns ein Bild einer für uns wichtigen, mit guten Gefühlen verbundenen Gegend vorstellen oder das Bild einer Schreckenssituation, verändert unsere Stimmung sehr unterschiedlich.

Ich denke, daß Merlin falsch verstanden wird, wenn man ihn mit schwarzer Magie in Verbindung bringt. Daß er am Schluß von seinen imaginativen Fähigkeiten selbst verzaubert wird, ist für mich eine Folge dessen, daß die Imagination ja auch uns selbst gestaltet. Ich sehe seine Verzauberung nicht so sehr als Unglück, sondern als einen Abschluß seines Wirkens, als bewußtes Opfer, im Sinne des »Stirb und werde«, damit er in neuer Form wirksam werden kann.

Der alte Weise (die alte Weise) ist eine Gestalt, die sich fast jeder Mensch bewußt oder unbewußt herbeisehnt. Dieser Wunsch wird oft projiziert: Man möchte zu einem alten Menschen eine Beziehung haben, der »weiß«, wie Leben zu sein hat, wie man sich in heiklen Situationen zu entscheiden hat, weil er die größeren Zusammenhänge sieht und Erfahrung hat. Damit hängt zusammen, weshalb jüngere von älteren Menschen oft enttäuscht sind, weil man keinen alten Weisen, keine alte Weise findet, sondern »bloß« einen alten Menschen. Das hat nicht nur damit zu tun, daß diese alten Menschen sich vielleicht zu wenig mit der Weisheit befaßt haben, es hat auch damit zu tun, daß wir das Bild des alten Weisen und die damit verbundene Wirkung in der Projektion und nur in der Projektion erleben wollen. Es geht aber darum, den alten Weisen und die alte Weise in sich selbst zu finden. Die Sehnsucht wünscht zunächst, in Imaginationen, Träumen eine Gestalt zu

Buchmalerei aus der Manesseschen Liederhandschrift, um 1300.
Universitätsbibliothek Heidelberg.

Der Falke, dieses Symbol für Kraft, Schönheit und hohen Flug und daher auch Symbol des männlichen Sonnengottes im ägyptischen Mythos, ist auf die Hand des Mannes zurückgekommen. Der Mann selbst ist bei der Frau angekommen und ruht hingebungsvoll in ihrem Schoß. Das Schweifende, wie es zur traditionellen Rolle des Mannes gehört, ist hier ergänzt durch sein Aufgehobensein bei der Frau. Im Mythos von Merlin und Viviane kehrt sich das Verhältnis sogar um: Merlin ist gebannt in der Weißdornhecke, und Viviane ist frei.
Der Rosenstrauch, Symbol hingebender Liebe, könnte zugleich den Mythos von der Verzauberung in der Weißdornhecke spiegeln.

haben, die weiß, »wo es entlanggeht«, eine Hand, die sich beschützend ausstreckt und uns führt, auch wenn wir uns recht autonom gebärden. Die Sehnsucht nach dem alten Weisen, der alten Weisen kann sich aber auch darin ausdrücken, daß wir uns mit dieser Gestalt wirklich auseinandersetzen und dabei selber etwas weiser werden.

In Träumen treten alte Weise recht oft auf, meistens dann, wenn eine schwierige Situation zu bewältigen ist, man aber dabei das Gefühl hat, sie aus eigener Kraft nicht bestehen zu können. Das Auftreten eines alten Weisen oder einer alten Weisen ist dann meistens von großer Bedeutsamkeit für den Träumer, weil eine neue Lebenssicht, damit aber auch neue Lebensmöglichkeiten sich öffnen. Die Gefahr besteht darin, daß man sich dann mit diesen alten Weisen identifiziert – und sich dabei auch übernimmt, indem man sich verhält, als wäre man selbst ein alter Weiser oder eine alte Weise. Merlin kommt und geht – unverhofft –, und so kommen und gehen auch diese Gestalten der alten Weisen in unserem Leben, sie sind nicht verfügbar.

Merlin ist ein Bewohner des Waldes, aber er ist auch in der Welt des Geistigen beheimatet. Das wird anschaulich gemacht durch seine Herkunft: Die Mutter ist eine Prinzessin oder eine Nonne, der Vater ein Inkubus (Teufel). Damit ist auch der ganze Problemkreis Heidentum–Christentum angesprochen. Merlin wäre dann eine ausgesprochene Integrationsfigur, Symbol dafür, daß neue geistige Strömungen sich immer auch mit der alten Strömung verbinden müssen, wenn sie Bestand haben sollen. Sein Wohnen am Rande des Waldes könnte ein Hinweis darauf sein, daß sich in ihm Wald und offene Welt, Naturbereich und Geistbereich, Christentum und Heidentum, Patriarchales und Matriarchales verbinden.

Viviane als gelehrte Nymphe

Viviane ist eine der gelehrten »Feen« des Mittelalters. Sie weiß recht genau, was sie will, und ist auch Merlin gegenüber auf der Hut. Wir wissen, daß sie die Möglichkeit, Merlin zu verzaubern, Diana verdankt. Nach Zimmer[9] ist Diana eine Sirene von Sizilien, eine große Meergöttin, und Merlin treibt ja seinerseits auch gerne Wasser-Spiele. Nymphen sind bei den Kelten weibliche Gottheiten, Naturgottheiten, die Quellen und Flüsse zu bewachen haben[10]. Die Quellen sind Orte, wo das Diesseits und das Jenseits miteinander in Verbindung stehen, wo sich der Über-Fluß des Erd-Inneren sammelt und auf die Erde ergießt. Mit der Quelle verbinden wir Bilder des Überströmens, des Immer-wieder-Hervorquellens; die Quelle ist geradezu ein Schoß der Erde, der immer wieder gibt.

Die Nymphen haben dafür zu sorgen, daß diese Quellen ihre Funktion erfüllen, sie sind Dienerinnen der großen Mutter, für die diese Quellen ein Symbol sind, nämlich das der gebenden, überströmenden Fülle. Und insofern ist Viviane als Nymphe dazu da, den Willen der Diana, daß immer etwas Neues in die Welt kommen soll, zu erfüllen.

Die Nymphen gehören ins Gefolge der Artemis bei den Griechen, der Diana bei den Römern. Und mit dieser Diana dürften wir es hier auch zu tun haben. Sie ist eine Mondgöttin, Herrin der Tiere und der freien Natur. Als solche ist sie auch eine Vegetations- und Fruchtbarkeitsgöttin. Und mit der Fruchtbarkeit hängt wiederum zusammen, daß Quellen, Flüsse und Sümpfe ihr heilig sind. Sie ist Hüterin der Natur, dafür zuständig, daß die Natur gedeihen kann – damit aber auch alles Nützliche im Menschen. Sie verkörpert geradezu die Natur, und dadurch wird die ganze Natur zu einer Göttin; wie man mit einer Göttin umgeht, so müßte der Mensch also auch mit der Natur umgehen.

Merlin ist dem Wald und den Quellen verbunden. Daß in ihm sich auch Züge einer Wassergottheit verdichten, zeigt sich darin, daß er in immer neuen Verwandlungsformen erscheint. Es ist das Wesen der Wassergötter, daß sie sich ständig verändern können. (Proteus-Sage: Menelaos will von ihm die Zukunft wissen; Proteus, der Meergreis, entzieht sich, indem er sich in verschiedene Tiere verwandelt.) Quellen werden mit Weissagekraft in Zusammenhang gebracht. Das mag wohl damit zusammenhängen, daß in der Quelle eine Verbindung zum Jenseits gesehen wird, daß dort also die »Weisheit« getroffen werden kann, wo Jenseits sich dem Diesseits verbindet. Im Blick auf eine Quelle zentrieren wir uns, schauen wir in uns hinein, können unsere inneren Bilder auftauchen, werden wir wiederum sehend. Warum also, wenn Merlin schon so sehr dem Wald, der Natur, den Quellen verbunden ist, muß er sich noch in Viviane verlieben? Oder hat etwa Diana die Absicht, diesen Mann mit Viviane zu verbinden? Ist sie vielleicht sogar eifersüchtig, denn Viviane soll sich mit Merlin erst verbinden, wenn Diana gestorben ist. War Diana vorher die Gefährtin von Merlin?

Geht es darum, daß die Zauberkraft, die weibliche Zauberkraft, die Merlin hat, wieder zurückgewonnen wird von den Frauen? (Das Sehertum ist ja von alters her den Seherinnen vorbehalten.) Möchte Diana, daß sie die Oberhand behält? Geht es also um einen Kampf zwischen matriarchalen und patriarchalen Strömungen? Oder geht es um etwas anderes: Will Diana in Viviane den Bereich ihres Wirkens dem des Merlin verbinden?

Die gegenseitige Belebung

Wenn Merlin und Viviane schon in einer sich so sehr ähnelnden Umgebung ansässig sind, von gleichen Bereichen geprägt und dafür zuständig, was können sie sich denn geben? Es ist zunächst zu bedenken, daß wir einen alten Mann und ein junges Mädchen vor uns haben. Immer, wenn ein Paar durch einen alten Mann und ein junges Mädchen oder durch eine alte Frau und einen jungen Knaben dargestellt wird, geht es um Erneuerung des Lebens[11]. Das ist auch im Alltag nachprüfbar: Zwischen sehr jungen und sehr alten Menschen findet oft ein interessanter »Austausch« statt. Der junge Mensch verjüngt den alten und bekommt von ihm eine verdichtete Lebenserfahrung, einen »Vorentwurf« des ganzen Lebens.

In der Verbindung des uralten Merlin mit der jungen Viviane drückt sich demnach aus, daß Merlin »erneuert« werden, daß er sich in einer neuen Weise zeigen muß. Viviane bringt ihm ihre Jugend und ihre Liebe, die sowohl Sinnlichkeit, Faszination als auch Geborgenheit vermittelt haben muß. Sie gibt ihm eine Bleibe, von der wir allerdings nicht so recht wissen, ob wir den »wunderschönsten Turm« als eben den »wunderschönsten« Ort preisen oder seinen Gefängnischarakter bedauern sollen. Je nachdem, von welcher Perspektive aus wir es ansehen, werden wir dieses Gebanntsein anders erleben. Für die Arthus-Ritter, denen Umherschweifen wesentlich ist, war es ein Gefängnis und ein Grund für Mitleid.

Wer keine Wurzeln schlagen will, für den ist es töricht, sich so bannen zu lassen. Merlin selber lassen die Geschichtsschreiber auf die Frage des Ritters Gawain, wie es denn ihm, dem weisesten aller Menschen, geschehen konnte, so gefesselt zu werden, sagen: »Ich bin auch zugleich der törichtste Mensch, denn ich liebe eine andere mehr als mich selbst.«[12]

Und so scheint es mir, als hätte Merlin die Welt des Ruhms mit der Welt der Liebe vertauscht, überzeugt davon, daß das, was ist, das ist, was sein muß – vom Seher aus gesehen. Da ist sein Platz. Vielleicht ist er doch erst jetzt wirklich auch der Diana verbunden, der Mondgöttin, der Muttergöttin, und damit der Möglichkeit, daß er wieder verjüngt wird? Die neue Lebensform, in der er erscheint, wäre die, daß er seine Qualitäten als Seelenführer, als Zauberer, als Weiser, der doch immer auch etwas Verblüffendes, nicht ganz Greifbares an sich hat, von innen her den Menschen gibt. Arrangiert ist das Ganze aber von Diana, also von einer mehr matriarchalen Sicht des Lebens her.

Erst Viviane weckt die Sehnsucht in Merlin, ihr wirklich verbunden zu sein, ganz zu ihr zu gehören. Und sie bleibt der Liebe, die zwischen ihnen gewachsen ist, auch treu.

Was aber bringt Merlin Viviane? Die Sehnsucht, zaubern zu können, letztlich bannen zu können, nach *ihrem* Willen. »Die hellseherische Begeisterung ist Nymphengabe«, sagt Plato im Phaedros, wozu also braucht Viviane Merlin? Wohl, um realisieren zu können, was sie schaut, um es in die Tat umzusetzen. Er liebt aus ihr die Sehnsucht heraus, die Welt verändern, aber auch den geliebten Menschen bannen zu können.

Wir dürfen dabei nicht nur den Aspekt des »gebannten« Merlin sehen. Es geht auch um verpflichtende Bindung. Nymphen sind Geschöpfe, die sich nicht besonders gerne binden. Sie haben viele erotische und sexuelle Abenteuer an ihren Quellen, aber sich festlegen mögen sie nicht. Also wird auch Viviane eine für sie neue Lebensform angeboten.

Aber was hilft uns die neue Beziehungsform, wenn der alte Weise dabei in eine Art Dornröschenschloß eingeschlosssen ist? Oder müssen wir das anders verstehen: Ist Viviane eine neue Verkörperung von Natur und Geist, diesmal in der Gestalt einer Frau, also einer weiblichen Weisheit, in der Liebe und die verpflichtende Beziehung sichtbar werden? So gesehen, wäre der Turm, in dem Merlin ist, Symbol für einen Schoß, für einen Ort der Wandlung: aus dem Unverpflichtetsein, aus der Freude am Einfall, aus dem Schweifen heraus zur Verbindlichkeit hin, in eine Liebesbeziehung hinein.

Wir haben zusammenfassend gesagt, daß Merlin eine Personifikation des alten Weisen ist, der mit der Natur eng verbunden ist, und daß seine seherischen Fähigkeiten verstanden werden können als Schau, Imagination und Intuition. Was verkörpert denn die Nymphe Viviane?

In der Überlieferung wird von ihr gesagt, daß sie gelehrt sei; sie ist des Schreibens kundig, und sie hält auch immer alles fest, was Merlin sagt. Dann aber ist sie auch der Diana verpflichtet, der Mondgöttin, die die Quellen und Ströme hütet. Sie hat Zugang zum Quellenden und Strömenden des Unbewußten, sie hat Sorge dafür zu tragen, daß dieses Quelbende und Strömende gehütet wird. Sie ist der Erde verbunden, aber in leichterer Art als Merlin, nicht der Erde verhaftet.

Viviane wäre also Modell für eine Frau, die sich der Diana verpflichtet fühlt, der Göttin des Waldes und der Natur, die Anteil hat an der natürlichen Weisheit und Schau dieser weiblichen Göttin und an ihrer Fülle von Leben. Viviane könnte ein Modell sein für eine Frau, die um ihre Natur und um die Natur als solche weiß, um ihren Körper, ihre Lust, ihren Eros, aber auch um die Kraft der inneren Bilder, die um ihr Werden und Vergehen weiß, aber auch gelehrt ist und zudem ihren Eros in der Beziehung zu einem alten Weisen lebt – und auch dessen Weisheit, dessen Schau des Lebens mitleben lassen kann. Sie wird dabei keine alte Weise, sie verkörpert eine Weisheit, die sich ständig im Zusammenhang mit der Natur erneuert. Sie ist aber auch eine Frau, die ihre Fähigkeiten – auch die, die sie von Merlin gelernt hat – aktiv nach ihrem Willen einsetzen kann.

Merlin kann durch sie verjüngt werden und in verwandelter Gestalt weiterleben, Viviane verbindet das Reich der großen Mutter dem Reich des Geistes; ausgedrückt und gelebt wird beides in der Liebe der beiden. Die Gefahr besteht darin, daß Merlin gefangen bleibt. Oder sagt unsere Erzählung genauer, daß er nur in seiner alten Form gefangen bleibt, daß er aber in seiner neuen Form bereits in Viviane weiterlebt?

Dennoch bleibt da ein Problem: Im Zaubern, in der Veränderungskraft der Imagination steckt auch eine Gefahr: die Gefahr, daß wir etwas bannen, etwas nicht mehr loslassen können, Macht anwenden, wo sie nicht am Platze ist. Diese Gefahr ist nicht zu beseitigen, wir müssen mit ihr leben. Bilder können auch bannenden Charakter haben, etwa dann, wenn wir uns ein Bild von einer zukünftigen Situation machen, das vielleicht von Angst mitgeprägt ist, und dann in der aktuellen Situation gar nicht mehr von diesem Bild loskommen, auch wenn das Bild nicht mehr zur wirklichen Situation paßt. Bilder müssen »in Bewegung« bleiben, wir müssen sie ihrem natürlichen Rhythmus überlassen, dann kommen und gehen sie – so wie Merlin immer wieder auftauchte und verschwand. Sobald wir das Gefühl haben, wir müßten mit diesen Bildern etwas »machen«, sie nützen, sie in den Griff bekommen, sie über ihre Zeit hinaus festhalten, werden sie einengend. Wie diese Imaginationen Quellen größter Weisheit sein, ja uns eine gewisse Einsicht und Hell-Sichtigkeit geben können, so sehr können sie auch bannen, wenn die Imaginationen nicht mehr Ausdruck unseres tiefsten Wesens sind, sondern wenn sich in ihnen kleinliche Ich-Ansprüche spiegeln.

Wie sehr die Imagination gerade in der Liebe eine Rolle spielt, habe ich an den Beziehungsphantasien zu zeigen versucht, daran, wie sehr eine Liebe unsere Phantasie anregt, wie sehr wir den geliebten Menschen in seinen besten Möglichkeiten sehen und insofern auch seine besten Möglichkeiten aus ihm herauslieben. Aber auch unsere eigenen besten Möglichkeiten in Beziehung zu diesem geliebten Du phantasieren wir, und durch die Imagination werden sie Wirklichkeit, werden wir am Du mehr wir selbst und bleiben doch in der Beziehung, heben also auch unser Getrenntsein voneinander auf.

Der Rückzug Merlins in den Wald und seine Verbindung zu Viviane bezeichnen eine geistige Wende: Die Wirkungsweise des großen Weisen, Sehers, Zauberers, Seelenführers verändert sich. Nicht mehr am Hof des Königs und in der Welt des Erfolgs ist sein Platz, sondern von nun an in der Welt der Liebe und in der Beziehung. Er ist gebannt, wie die alte Erzählung berichtet. An uns stellt sich dabei die Frage: Können wir den Bann lösen, können wir das, was in ihm ausgedrückt ist, in neuer Form leben, in der Form der Viviane, die ihm ja untrennbar verbunden ist?

Merlin und Viviane in der Imagination einer jungen Frau

An einem Beispiel möchte ich zeigen, wie Merlin und Viviane von heutigen Menschen in der Imagination und auch als Muster einer Beziehung erlebt werden können. Es ist die Imagination einer fünfundzwanzigjährigen Frau:

»Ich sitze in einem sattgrünen Wald, das Licht spielt auf dem Wasser eines Teiches – je nachdem, wie sich die Blätter der Bäume im leisen Wind bewegen. Ich schaue ins Wasser hinein, bin ganz gebannt von den Lichtfunken. Aus den Lichtfunken werden Figuren von Menschen, die ich zunächst erst erahne. Wage ich, sie zu sehen, sie zu benennen?

Ich will weglaufen. Ich will aber auch standhalten. Auf der Wasseroberfläche tanzt eine junge Nymphe, mit Beinen und Füßen, einem wunderschönen Körper, langen Haaren, blondrot. Mir gegenüber entdecke ich einen alten Mann mit ganz weißem Bart und lebendigen, dunklen Augen, alle Zeichen des Greises an sich – und doch jung. Die Nymphe tanzt zu ihm hin, legt ihm ihren Arm um den Nacken, küßt ihn.

Mich beginnt diese Nymphe ungeheuer zu stören. Ich möchte mit dem wunderlichen Mann sprechen, ich habe das Bedürfnis, mit ihm in Kontakt zu treten. Irgendwie sagen mir seine Augen, daß er etwas sieht, und ich möchte es so gerne auch sehen. Aber diese Nymphe umgarnt ihn, scheint Ansprüche auf ihn zu haben, er scheint auch ganz zufrieden mit ihr zu sein. Was kann ich bloß unternehmen?

Hätte ich bloß diese blöde Nymphe nie gesehen, dabei habe ich sie ja aus dem Wasser mir erschaut.

Während ich so vor mich hinwüte, entfernt sich das Bild der beiden immer mehr. Das ist offenbar die falsche Art, mit den beiden umzugehen.

Ich höre den Mann lachen, ein ganz entspanntes Lachen. Ich weiß, daß ich die Nymphe becircen muß, sonst komme ich nie an diesen Mann heran.

Wie becirct man Nymphen? Von selbst interessiert sie sich nicht für mich, das ist undenkbar.

Ob ich ihr einen schönen jungen Prinzen aus dem Wasser heraussehe? Ich zweifle, ob ich das kann, und dann zweifle ich auch, ob sie da ansprechbar ist.

Ich schaue hinein ins Wasser. Ich konzentriere mich auf die

Tiefe und warte darauf, daß etwas oder jemand sich mir zeigt. Aber alles bleibt ruhig, nur die beiden spiegeln sich im Wasser, und mir wird klar, daß es gerade nicht darum geht, daß ich die Nymphe entferne, sondern daß ich sie beide als Paar anspreche, wenn schon.

Nun sind die beiden wieder näher gerückt. Um sie ist eine Atmosphäre von Geheimnis und von Zärtlichkeit, von Weisheit und Eros, und auch von ein wenig Verruchtheit. Die kommt im wesentlichen von der Nymphe, aber auch dem alten weisen Mann muß sie eignen, wie sonst täte er sich denn mit ihr zusammen?«

Dieses in der Imagination geschaute Paar hat Ähnlichkeit mit Viviane und Merlin, spielt sich im »Lebensbereich« der beiden ab. Die junge Frau hat offenbar keine Mühe mit dem alten Mann, mit der Nymphe aber hat sie Schwierigkeiten. Die Lösung ist für sie, die beiden als Paar zu sehen.

Diese Frau hatte ein Jahr später eine Beziehung zu einem älteren Mann, den sie als alten Weisen verstanden hat. Er fand in ihr noch einmal die Jugend, er verjüngte sich in ihr, er hatte das Gefühl, daß er alles, was er erfahren und erlebt hatte, verdichtet weitergeben konnte. Er nannte sie »kleine Nymphe«, was sie nicht mochte, und meinte damit ihren verführerischen, ihren erotischen, aber auch ihren geheimnisvollen Aspekt. Er liebte an ihr ihre Verbundenheit mit der Natur, die für sie so natürlich war, daß sie sich ihrer gar nicht bewußt war; er liebte ihr Gegründetsein in sich und ihre natürliche Klugheit. Durch seine Imagination gerade all dieser Eigenschaften liebte er diese Eigenschaften aus ihr heraus, entwikkelte sie aber auch bei sich selbst. Auch er fühlte »mehr Boden unter den Füßen«, ohne daß ihn die Erdenschwere zu sehr drückte. Sie lernte, die Nymphe in sich zu lieben. Er liebte ihre Begeisterungsfähigkeit und wurde an ihr selbst wieder begeisterungsfähig.

Sie liebte an dem Manne seine Weisheit, sein Wissen um die größeren Zusammenhänge, seine Sicherheit im Umgang mit dem Alltäglichen, seine Gelassenheit. Sie sah in ihm einen Mann mit prophetischen Gaben, einen Mann auch, der die Gesetze des Unbewußten kannte, und sie war begierig, diese auch kennen zu lernen. Sie akzeptierte ihn als Führer in die Welt des Unbewußten und in die Welt des Geistes. Er weckte in ihr die Sehnsucht nach allem Geistigen, nach dem Schöpferischen, das seelisch und geistig ist. Sie »zwang« ihn durch ihre Liebe und ihre Bewunderung, noch einmal zu überprüfen, was er denn wirklich dachte und meinte. Nach diesem beglückenden Anfang und einer sehr erfüllten Phase wurde die Beziehung schwierig; der alte Mann wurde krank, zog sich zurück, allerdings mit dem dankbaren Gefühl, noch einmal etwas sehr Schönes erlebt zu haben.

Schon bevor er sich zurückgezogen hatte, überkam die junge Frau das Gefühl, daß die Zeit der Propheten und Weisen eigentlich vorbei sei. Gleichzeitig entwickelte sie eine ganz intensive Beziehung zu einer Figur ihrer Träume, die sie Merlin nannte. In einer ersten Phase dieser imaginativen Beziehung ging es vor allem darum, daß Merlin ihr alles sagte, was sie nicht wußte. Dann wurde ihr diese Art von Imagination langweilig. Sie vergaß Merlin vorübergehend.

In einer zweiten Phase weckte dieser innere Merlin eine ungeheure Sehnsucht nach allem, was jenseits der wachen Bewußtheit lag. Sie meditierte, ließ sich in Stimmungen hineinziehen, wurde somnambul – und war doch recht zufrieden.

In einer dritten Phase erlebte sie, daß sie sich diesen Imaginationen und Stimmungen nicht einfach überlassen durfte, und begann sie zu gestalten. Sie erlebte, daß sie sich ihren Imaginationen überlassen konnte, daß ihr viele Zusammenhänge klar wurden und diese Imaginationen sie auch erfüllten; aber sie erlebte auch, daß sie sich kritisch diesen Imaginationen gegenüber verhalten, das Lebbare gegen das Nicht-Lebbare halten mußte. Es war nicht mehr so sehr ein Wissenwollen, ein Durchdringenwollen als ein Sehen aus einer liebevollen Verbundenheit mit den Menschen und den Dingen heraus.

Für sie war der alte Mann, den sie liebte, die Brücke zu dieser neuen menschlichen Lebensmöglichkeit, diesem In-der-Welt-Stehen, das einerseits sehr dem Körperlichen, Realen, dem Eros, der Sexualität, andererseits dem Leben aus der Tiefe, dem Vertrauen zu Ahnungen und inneren Bildern verbunden ist.

Für den alten Mann war sie Anregung, Verdichtung seiner Liebeserlebnisse; aber auch eine Frau, die er ziehen lassen mußte und von der er hoffte, daß er in ihr doch auch etwas weiterleben konnte.

Diese Beziehungsgeschichte zeigt, wie die Verbindung Merlin–Viviane in menschlichen Beziehungen projiziert erlebt und gelebt werden kann. Die junge Frau mußte das, was sie »Merlin in sich« nannte, von dem realen Mann trennen und als innere Möglichkeit leben, der reale Mann hatte indessen diese Lebensmöglichkeit aus ihr herausgelockt. Merlinisch ist an dieser Beziehungsgeschichte, daß sie auf ihren ganz eigenen Weg geschickt wird (Suche des Grals), daß sie lernt, in der Imagination zu leben, ihr zu vertrauen, und daß sie lernt, in einer guten Verbindung zur Natur und zum Natürlichen zu stehen.

Hatem und Suleika: das Thema bei Goethe

Eine weitere Beziehung zwischen einem alten Mann und einer jungen Frau ist im Westöstlichen Diwan[13], im Buch Suleika, geschildert und gestaltet, in Liebesgedichten, wie sie einzigartig in der Welt sind. Der sechsundsechzigjährige Goethe trifft im Hause Johann Jakob Willemers dessen junge Frau, Marianne Willemer. Er verliebt sich in sie und drückt seine Gefühle für sie – wie er immer seine Liebe zu einer Frau gestaltet – in Versen aus.

Nun aber geschieht ihm etwas Unerwartetes: »Marianne antwortet schon am nächsten Tag, in Versen, die den Fluß und die Reime der seinen wiederholten und damit mehr als durch ihren Inhalt bewiesen, wie sie sein ganzes Wesen, nicht allein den Menschen, sondern vor allem den Dichter, sich zu eigen gemacht hatte.«[14]

Goethe hat Marianne den Namen »Suleika« gegeben, in einer arabischen Legende ist sie die unerreichbare Geliebte von Jussuph. Goethe war klar, daß diese Liebe, um wirklich gelebt werden zu können, zu spät in sein Leben getreten war, obwohl Marianne bereit war, alle »äußeren und konventionellen Hindernisse zu mißachten«. Nach wenigen Wochen, in denen diese »lyrischen Liebesbekenntnisse« ausgetauscht wurden, floh er nach Heidelberg. Die beiden sahen sich nie mehr wieder[15].

Ausdruck dieser Liebe sind die Gedichte im Buch der Liebe und im Buch Suleika des Westöstlichen Diwans. Ich möchte einige Gedichte hier wiedergeben, die diese Beziehung eines alten Mannes zu einer jungen Frau von eigenen emotionellen Erfahrungen der beiden Betroffenen her zeigen.

Faszinierend ist, daß Marianne durch diese Liebe selbst zur Dichterin wurde, allerdings auch wieder verstummte, als die Beziehung – für sie wohl zu früh – abgebrochen wurde. Der Dichter konnte ihre dichterische Seite aus ihr herauslieben. Er belebte durch seine Liebe ihre schöpferische Kraft.

Daß Suleika von Jussuph entzückt war
Ist keine Kunst;
er war jung, Jugend hat Gunst,
Er war schön, sie sagen zum Entzücken,
Schön war sie, konnten einander beglücken.
Aber daß du, die du so lange mir erharrt war,
Feurige Jugendblicke mir schickst,
Jetzt mich liebst, mich später beglückst,
Sollst mir ewig Suleika heißen.

Da du nun Suleika heißest,
Sollt ich auch benamset sein.
Wenn du den Geliebten preisest,
Hatem! das soll der Name sein.

»Die du so lange mir erharrt war« – damit drückt Goethe wohl aus, wie lange er auf sie gewartet hat, auf die Liebesschwingung, die sie in ihm auslöst.

Hatem

Nicht Gelegenheit macht Diebe,
Sie ist selbst der größte Dieb;
Denn sie stahl den Rest der Liebe,
Die mir noch im Herzen blieb.

Dir hat sie ihn übergeben
Meines Lebens Vollgewinn,
Daß ich nun, verarmt, mein Leben
Nur von dir gewärtig bin.

Doch ich fühle schon Erbarmen
Im Karfunkel deines Blicks
Und erfreu in deinen Armen
Mich erneuerten Geschicks.

Suleika

Hochbeglückt in deiner Liebe
Schelt ich nicht Gelegenheit;
Ward sie auch an dir zum Diebe,
Wie mich solch ein Raub erfreut!

Und wozu denn auch berauben?
Gib dich mir aus freier Wahl;
Gar zu gerne möcht ich glauben –
Ja, ich bin's die dich bestahl.

Was so willig du gegeben
Bringt dir herrlichen Gewinn,
Meine Ruh, mein reiches Leben
Geb ich freudig, nimm es hin!

Scherze nicht! Nichts von Verarmen!
Macht uns nicht die Liebe reich?
Halt' ich dich in meinen Armen,
Jedem Glück ist meines gleich.

Hier drückt Goethe aus, daß er seines »Lebens Vollgewinn« ihr übergeben hat: den Reichtum des alten Mannes. Und Marianne Willemer, die das Gedicht »Hochbeglückt in deiner Liebe« geschrieben hat, ist ebenso bereit, all ihren Reichtum ihm zu geben. Nichts von Stehlen und Nehmen will sie wissen, sondern vom gegenseitigen Sich-Geben aus Überfluß heraus.

Das Gefühl des Reichtums, das mit der Liebe verbunden ist, wird hier wunderschön ausgedrückt, auch wenn es eine Liebe zwischen einem alten Mann und einer jungen Frau ist.

Suleika

Die Sonne kommt! Ein Prachterscheinen!
Der Sichelmond umklammert sie.
Wer konnte solch ein Paar vereinen?
Dies Rätsel wie erklärt sich's? wie?

Hatem

Der Sultan konnt es, er vermählte
Das allerhöchste Weltenpaar,

Um zu bezeichnen Auserwählte,
Die Tapfersten der treuen Schar.

Auch sei's ein Bild von unsrer Wonne!
Schon seh ich wieder mich und dich,
Du nennst mich, Liebchen, deine Sonne,
Komm, süßer Mond, umklammre mich!

Hier drücken beide ihre Paarphantasie aus: die Vereinigung von Sonne und Mond. Sie sehen ihre Liebe kosmisch, als das glückhafte Verklammern von zwei Lebensprinzipien, die zusammen eine Ganzheit ausdrücken, die aber eigentlich nicht zusammenkommen können. Hier scheint mir eine Shiva-Shakti-Phantasie in kosmischen Symbolen ausgedrückt zu sein, die Symbolverbindung jeder großen Liebe, samt dem Staunen darüber, daß so etwas überhaupt möglich ist. Hatem spricht das allerhöchste Weltenpaar an, dessen Liebesgeheimnis er in der Beziehung zu Suleika spürt, Symbol dafür, wie in jeder menschlichen Liebe göttliche Aspekte durchschimmern und jeder der beiden Liebenden über sich hinauswächst.

Lieb um Liebe, Stund um Stunde,
Wort um Wort und Blick um Blick;
Kuß um Kuß, vom treusten Munde,
Hauch um Hauch und Glück um Glück.

So am Abend, so am Morgen!
Doch du fühlst an meinen Liedern
Immer noch geheime Sorgen;
Jussuphs Reize möcht ich borgen
Deine Schönheit zu erwidern.

Suleika

Volk und Knecht und Überwinder
Sie gestehn zu jeder Zeit:
Höchstes Glück der Erdenkinder
Sei nur die Persönlichkeit.

Jedes Leben sei zu führen,
Wenn man sich nicht selbst vermißt;
Alles könne man verlieren,
Wenn man bliebe was man ist.

Hatem

Kann wohl sein! So wird gemeinet;
Doch ich bin auf andrer Spur:
Alles Erdenglück vereinet
Find ich in Suleika nur.

Wie sie sich an mich verschwendet,
Bin ich mir ein wertes Ich;
Hätte sie sich weggewendet,
Augenblicks verlör ich mich.

Und trotzdem: Hatem hat Sorgen, daß er ihrer Jugend nicht gerecht werden kann, er möchte gerne der ihr gemäße Partner sein. Suleika tröstet ihn: Wenn man sich nicht selbst verliert, kann man jedes Leben führen, aber Hatem – der alte Mann – bekennt, daß er sich augenblicks verlöre, wenn sie sich von ihm abwenden würde. Hier zeigt sich, wie sehr er sich in diese Liebe hineinverloren hat, sich von der Liebe hat ergreifen lassen und auch sein Selbsterleben von dieser Liebe abhängt. In Goethes Tagebuch steht denn auch »hinter der Notiz, daß er den Absagebrief geschrieben habe, nur ein einziges arabisches Schriftzeichen, das übersetzt bedeutet: ›Ich schreie vor Qual‹«[16].

Aber noch ist es nicht soweit, noch genießt Goethe das Wunder, daß er als alter Mann noch einmal so sehr geliebt wird:

Hatem

Locken, haltet mich gefangen
In dem Kreise des Gesichts!
Euch geliebten braunen Schlangen
Zu erwidern hab ich nichts.

Nur dies Herz, es ist von Dauer,
Schwillt in jugendlichstem Flor;
Unter Schnee und Nebelschauer
Rast ein Ätna dir hervor.

Du beschämst wie Morgenröte
Jener Gipfel ernste Wand,

Und noch einmal fühlet Hatem
Frühlingshauch und Sommerbrand.

Schenke her! Noch eine Flasche!
Diesen Becher bring ich ihr!
Findet sie ein Häufchen Asche,
Sagt sie: »Der verbrannte mir.«

Suleika

Nimmer will ich dich verlieren!
Liebe gibt der Liebe Kraft.
Magst du meine Jugend zieren
Mit gewaltger Leidenschaft.

Ach! wie schmeichelt's meinem Triebe,
Wenn man meinen Dichter preist.
Denn das Leben ist die Liebe,
Und des Lebens Leben Geist.

Goethe genießt noch einmal seine ganze Leidenschaftlichkeit, sein Im-Feuer-Stehen, und Marianne antwortet mit dem Bekenntnis, daß Liebe der Liebe Kraft gebe; sie spürt, daß seine Liebe, die Liebe eines ganzen Lebens, auch ihre Liebe entfalten kann. In der Freude über die Mehrung der Lebensintensität, die ihr wird, gestaltet sie eine der für mich tiefsten Aussagen über die Liebe:

»Denn das Leben ist die Liebe,
Und des Lebens Leben Geist.«

Suleika

Ach, um deine feuchten Schwingen,
West, wie sehr ich dich beneide,
Denn du kannst ihm Kunde bringen
Was ich in der Trennung leide!

Die Bewegung deiner Flügel
Weckt im Busen stilles Sehnen;
Blumen, Augen, Wald und Hügel
Stehn bei deinem Hauch in Tränen.

Doch dein mildes sanftes Wehen
Kühlt die wunden Augenlider;
Ach, für Leid müßt ich vergehen,
Hofft ich nicht zu sehn ihn wieder.

Eile denn zu meinem Lieben,
Spreche sanft zu seinem Herzen;
Doch vermeid ihn zu betrüben
Und verbirg ihm meine Schmerzen.

Sag ihm, aber sag's bescheiden:
Seine Liebe sei mein Leben,
Freudiges Gefühl von beiden
Wird mir seine Nähe geben.

Daß eine so intensive Liebe dann auch die Trennung voneinander schmerzhaft werden läßt, drückt Marianne in diesem Gedicht aus, in dem auch die Trennung wieder mit der Aussage verbunden wird, daß »seine Liebe ihr Leben« sei; sie kennt keine Einschränkungen, wie ja wirkliche Liebe auch keine kennt.

Wiederfinden

Ist es möglich! Stern der Sterne,
Drück ich wieder dich ans Herz!
Ach, was ist die Nacht der Ferne
Für ein Abgrund, für ein Schmerz!
Ja du bist es! meiner Freuden
Süßer, lieber Widerpart;
Eingedenk vergangner Leiden
Schaudr ich vor der Gegenwart.

Als die Welt im tiefsten Grunde
Lag an Gottes ewger Brust,
Ordnet' er die erste Stunde
Mit erhabner Schöpfungslust,
Und er sprach das Wort: Es werde!
Da erklang ein schmerzlich Ach!
Als das All mit Machtgebärde
In die Wirklichkeiten brach.

Auf tat sich das Licht: so trennte
Scheu sich Finsternis von ihm,
Und sogleich die Elemente
Scheidend auseinander fliehn.
Rasch, in wilden wüsten Träumen
Jedes nach der Weite rang,
Starr, in ungemeßnen Räumen,
Ohne Sehnsucht, ohne Klang.

Stumm war alles, still und öde
Einsam Gott zum erstenmal!
Da erschuf er Morgenröte,
Die erbarmte sich der Qual;
Sie entwickelte dem Trüben
Ein erklingend Farbenspiel,
Und nun konnte wieder lieben
Was erst auseinander fiel.

Und mit eiligem Bestreben
Sucht sich, was sich angehört;
Und zu ungemeßnem Leben
Ist Gefühl und Blick gekehrt.
Sei's Ergreifen, sei es Raffen,
Wenn es nur sich faßt und hält!
Allah braucht nicht mehr zu schaffen,
Wir erschaffen seine Welt.

So, mit morgenroten Flügeln,
Riß es mich an deinen Mund,
Und die Nacht mit tausend Siegeln,
Kräftigt sternenhell den Bund.
Beide sind wir auf der Erde
Musterhaft in Freud und Qual,
Und ein zweites Wort: Es werde!
Trennt uns nicht zum zweitenmal.

Das Wiederfinden wird von Goethe als Schöpfungsmythos beschrieben, das Erleben von Einheit und Ganzheit in der Liebe mit einer Weltschöpfung gleichgesetzt. Und dennoch trennt er sich von Marianne, weil er erkennt, daß diese Liebe für ihn – gemessen an der Lebensphase, in der er steht – zu spät gekommen ist. Was das für Marianne bedeutet hat, wissen wir nicht, sie ist verstummt, oder ihre Gedichte gingen verloren. In ihrem Gedicht: »Ach, um deine feuchten Schwingen . . .« wird deutlich genug, wie sehr auch nur eine vorübergehende Trennung sie schmerzt.

Das Buch Suleika endet mit dem Gedicht von Goethe:

In tausend Formen magst du dich verstecken,
Doch, Allerliebste, gleich erkenn ich dich;
Du magst mit Zauberschleiern dich bedecken,
Allgegenwärtge, gleich erkenn ich dich.

An der Zypresse reinstem, jungem Streben,
Allschöngewachsne, gleich erkenn ich dich,
In des Kanales reinem Wellenleben,
Allschmeichelhafte, wohl erkenn ich dich.

Wenn steigend sich der Wasserstrahl entfaltet,
Allspielende, wie froh erkenn ich dich;
Wenn Wolke sich gestaltend umgestaltet,
Allmannigfaltge, dort erkenn ich dich.

An des geblümten Schleiers Wiesenteppich,
Allbuntbesternte, schön erkenn ich dich;
Und greift umher ein tausendarmger Eppich,
O Allumklammernde, da kenn ich dich.

Wenn am Gebirg der Morgen sich entzündet,
Gleich, Allerheiternde, begrüß ich dich,
Dann über mir der Himmel rein sich ründet,
Allherzerweiternde, dann atm ich dich.

Was ich mit äußerm Sinn, mit innerm kenne,
Du Allbelehrende, kenn ich durch dich;
Und wenn ich Allahs Namenhundert nenne,
Mit jedem klingt ein Name nach für dich.

Für Goethe ist die ganze Welt auf die geliebte Frau hin transparent geworden, auf das geliebte Du hin; in allem tritt sie ihm entgegen, am schönsten in den Namen ausgedrückt, die er ihr gibt: »Allerliebste, Allgegenwärtge, Allschöngewachsne, Allschmeichelhafte, Allspielende, Allmannigfaltge, Allbuntbesternte, Allumklammernde, Allerheiternde, Allherzerweiternde, Allbelehrende.« In diesen Namen wird noch einmal deutlich, wie sehr sie das Ganze dessen verkörpert hat, was er erfassen und lieben kann. Sie ist sein ein und alles, die ganze Intensität seiner Gefühle. Aber auch die die Marianne mehrende Imagination, die sie zu einer Göttin macht, wird sichtbar.

Es sind Gedichte, die das Wesen der Liebe beschreiben, mit ihren Höhen, ihrer Reichweite bis ins Absolute hinein – und endlich dem Schmerz der Trennung. Daß das Beziehungsmuster alter Mann – junges Mädchen sich darin ausdrückt, zeigt sich daran, wie sehr in Goethe die ganze Leidenschaft seines Lebens noch einmal hervorbricht, potenziert durch die Gewißheit, daß diese Liebe nicht lange lebbar ist, und wie Marianne gerade von dieser Leidenschaft sich so sehr ergreifen läßt, daß sie zu ihren größten schöpferischen Möglichkeiten im Dienste ihrer großen Liebe findet. Das Beziehungsmuster alter Mann – junges Mädchen zeigt sich auch darin, daß Goethe in diese Liebe seine ganze reiche Weltanschauung hineinbringt, und dann zeigt sich dieses Beziehungsmuster auch in dem für diese Konstellation fast typischen erzwungenen Abbruch dieser großen Liebe. Selten kann diese Beziehungskonstellation so durchlebt werden, daß sie sich in eine neue Beziehungsform hinüberwandelt.

Montauk: das Thema bei Max Frisch

Max Frisch, in dessen Büchern oft solche Beziehungen geschildert werden, in denen sich ältere Männer in junge Mädchen verlieben, macht das Beziehungsmuster alter Mann – jüngere Frau zum Beispiel in seiner Erzählung »Montauk« zum Thema[17]. Dabei widersteht der Erzähler bewußt und mühsam der Versuchung, durch die Beziehung zu dieser Frau noch einmal jung werden zu wollen. »Er kennt sein Alter; er ist entschlossen, es endlich anzunehmen.« Er will dieser jungen Frau nichts vormachen. Die Beziehung zu ihr, die Situationen, die er mit ihr durchlebt, geben ihm vor allem Gelegenheit, Erinnerungen an Beziehungen mit verschiedenen Frauen hochkommen zu lassen, sie emotionell noch einmal nachzuvollziehen, sie gelegentlich auch zu werten. Es ist, als ob hinter dieser Beziehungskonstellation älterer Schriftsteller – junges Mädchen seine Beziehungen zu Frauen überhaupt modellhaft gespiegelt werden. So fragt er sich denn, ob seine Liebe wirklich Lynn gelte: »Er schaut, um zu prüfen, ob seine Zärtlichkeit sich wirklich auf Lynn bezieht.« Vielleicht aus der Erkenntnis heraus, daß jede Liebe auch die Erfahrung aller Liebe mitbeinhaltet, die man in einem Leben erlebt hat.

Die beiden trennen sich schließlich – wie vorgesehen – unpathetisch. Jedes verdankt dem andern Erinnerungen, Erlebnisse, Erfahrungen. Eine mögliche Abhängigkeit ist so weit wie möglich sorgsam vermieden, Lynn behält sogar ausgesprochen ihre Autonomie. Der Schriftsteller will seine früheren Fehler, die er reflektiert, nicht wiederholen.

In dieser Geschichte wird vom älteren Mann vor allem der Aspekt der Erinnerung an alle Beziehungen, die ein Leben erfüllt oder mit Schuld belastet haben, in den Vordergrund gerückt, für ihn ist die Beziehung eine Verdichtung von Liebeserlebnissen, aber auch ein Anlaß, sein Leben als Ganzes sehen zu lernen und damit auch, sich mit dem Alter auseinanderzusetzen.

Das Beziehungsmuster älterer Mann – junges Mädchen als Ablösung des Zeus-Hera-Musters

Es ist an der Zeit, auf unser »Streitehepaar«, an dem wir zu Beginn des Kapitels die Zeus-Hera-Konstellation aufgezeigt haben, zurückzukommen. Obgleich auch dieses Paar Partnerphantasien von älterer Mann – junges Mädchen und ältere Frau – junger Mann entwickelt hatte, stritten sie unentwegt weiter, bis sich eines Tages die Frau zu einer Sehnsucht bekannte, die über das alte Klischee hinausführte: »Ich werde wütend, daß du mich zwingst, mich immer behaupten zu müssen, statt daß ich hingebungsvoll sein kann.« Der Mann sagte darauf, er spüre dasselbe Gefühl auch bei sich, er würde gern einen anderen Beziehungsstil haben, diesen Streit habe er satt, aber sie zwinge ihn doch ebenso, sich auch weiterhin zu behaupten.

Ein erstes Mal spürten die beiden im Anschluß an dieses Gespräch eine tiefe Ohnmacht: Sie wollten die Situation verändern, konnten aber nicht. Dieses Gefühl der Ohnmacht, das ich als Therapeutin voll teilte – auch ich fühlte mich schon lange ohnmächtig –, stand im Raum und wurde schweigend erlebt. Nicht einmal Worte standen uns in dem Moment mehr zur Verfügung, und das will innerhalb einer solchen Machtbeziehung schon etwas heißen. Das Erleben dieser Situation und das Aushalten dieser Ohnmacht waren sehr wichtig und leiteten eine neue Phase ein.

Ich schlug den beiden am Ende der Stunde vor, das streitende Paar, als das sie sich die ganze Zeit erlebt hatten, von nun an als intrapsychischen Konfliktpartner zu verstehen, als zwei Kontrahenten, die in der eigenen Seele ständig aufeinander losschlagen. Die beiden sollten sie einmal »Zeus« und »Hera« nennen, damit sie sich selbst von diesen streitenden Partnern etwas distanzieren könnten. Jeder reale Streit außen, der sich künftig zwischen ihnen abspielen würde, sollte von jedem der Partner zugleich als innerer Schritt »nachgestellt«, nachgestritten oder wenn möglich sogar – wenn er sich außen wieder ankündigte – »vorausgestritten« werden, damit er nicht mehr unentwegt in der Beziehung der beiden real gestritten werden mußte, sondern zwischen Zeus und Hera in der jeweils eigenen Phantasie abgehandelt werden konnte.

Damit schlug ich ihnen vor, den Partner als Aspekt und als Mitspieler in der Beziehungsphantasie zu sehen. Beiden war ja schon hinlänglich klargeworden, daß sie einander gegenseitig in diese eskalierenden Streitereien hineinverwickelten. Für mich war es ein Versuch, die Beziehungsform, die die beiden nicht mehr leben wollten, zu integrieren, aus der Überlegung heraus, daß eine neue Beziehungsphantasie nur dann zum Tragen kommen kann, wenn die alte wirklich nicht mehr trägt, das heißt in diesem Falle, daß sie ihren Zweck verliert, weil sie eben nicht mehr dieses Optimum an Nähe bei größter Abgrenzung gewährleistet.

Die »inneren« Streitgespräche der beiden Partner sahen etwa so aus:

Streitgespräch der Frau:

»*Meine Hera sagt:* Du bist immer so machtvoll, Zeus, du willst mich vernichten.

Mein Zeus sagt: Ich vernichte dich nur, weil du mich immer vernichten willst.

Meine Hera sagt: Das ist nicht wahr.

Mein Zeus sagt: Das ist wahr.

Meine Hera sagt: Siehst du, jetzt bist du schon wieder so mächtig . . .«

Sie hörte jeweils bald auf mit der Phantasie, weil sie sie langweilig fand und weil sie sich auch schämte, sie in der Therapiestunde zu erzählen.

Streitgespräch des Mannes:

»*Mein Zeus fragt:* Warum machst du das, Hera?

Meine Hera antwortet: Weil du immer über mich bestimmen willst, weil du mir meine Würde als Frau genommen hast, weil ich nicht mehr entscheiden darf, weil du nicht siehst, wo ich dir auch etwas geben kann, weil du mich nicht liebst.

Hera fragt Zeus: Warum machst du das, Zeus?

Zeus zu Hera: Weil ich Angst habe, weil ich mich ohnmächtig fühle und doch Zeus sein muß, weil es mir so schwer fällt, wirklich selbständig zu sein.«

Der Mann drückt in seinen Phantasie-Streitgesprächen klar aus, daß er bisher sein Weibliches entwertet, daß er eigentlich große Mühe hat, sich so zeushaft zu geben, wie er es sich schuldig zu sein meint.

Durch diese imaginierten Streitgespräche wurden beide angeregt, den Konflikt zwischen ihnen primär als Konflikt in der eigenen Person zu sehen, wobei dieser Konflikt vom Manne besser formuliert werden konnte als von der Frau. Bei ihr wurde deutlich, wie sehr beide Seiten in ihr gleiche Stärke und gleiche Macht beanspruchten.

Ich hoffte, daß die beiden durch diese Phantasien ihre alte Beziehungsform integrieren könnten, um dann eine neue mit einer neuen Beziehungsphantasie leben zu können. Durch diese Übungen, die die beiden vor allem zu Hause machten, ging tatsächlich eine große Veränderung in der Paardynamik vor sich. Beide versuchten, Streit wenn immer möglich zu vermeiden, da sie die Übungen, die anschließend zu machen wären, mühsam fanden. Auch begannen sie, miteinander darüber zu sprechen, wie oft sie die Übungen machen mußten und welche Gefühle sie dabei hatten.

Der Mann erzählte eines Tages strahlend, jetzt könnten sie plötzlich miteinander sprechen, einander wirklich zuhören. Auch trösteten sie sich gegenseitig, wenn der eine oder andere sehr darunter litt, daß er die Übung immer wieder machen mußte oder daß die Phantasien sich so verzweifelt glichen. Der Mann sagte: »Wenn sie darüber verzweifelt ist, daß diese Zeus-Hera-Geschichte in ihr nie aufhört, dann kommt sie mir vor wie ein junges Mädchen, das ich dann darüber trösten kann. Ich habe sie sehr lieb in dieser Rolle, kann aber auch gut zulassen, daß sie mich tröstet.« In dieser Bemerkung wird ersichtlich, wie die beiden langsam nach einem anderen Beziehungsmuster zu leben beginnen; das Beziehungsmuster älterer Mann – junges Mädchen, das sich in der Phantasie beim Manne schon lange angekündigt hatte, begannen sie nun miteinander zu leben. Sehr viel weniger ausgeprägt war das Beziehungsmuster ältere Frau – junger Mann in der Beziehung realisiert. In diesem Beziehungsmuster konnten sie sich beide Macht erhalten, wenn sie sich auch in ihrem Gebrauch abwechselten. Auch blieb die Nähe erhalten, die beiden mußten sich aber nicht mehr zwanghaft voneinander abgrenzen.

Der Mann fühlte sich in dieser Phase sehr wohl; er fand, er könne jetzt stark und auch schwach sein, je nach Bedürfnis, er müsse sich nicht mehr einfach stur behaupten. Verschiedene Probleme, die die beiden zuvor jahrelang nicht gelöst hatten, fanden jetzt eine Lösung. Für den Mann kam nur erschwerend dazu, daß er sich in dieser Phase sehr von jungen Mädchen angesprochen fühlte, auch ganz gern mit einem ein Abenteuer gehabt hätte, das aber seiner Frau nicht antun wollte.

Die Frau dagegen begann, sich um die »Säuglinge«, auf die ihr Traum hingewiesen hatte, zu kümmern im Sinne der brachgelegenen Lebensmöglichkeiten, die genährt und gehätschelt werden wollten, um wachsen zu können, aber auch im Sinne ihrer Zärtlichkeitsbedürfnisse. Daß sich etwas verändert hatte, zeigte sich etwa daran, daß die Frau einmal, als sie sich wieder nach alter Manier miteinander messen wollten, einfach sagen konnte: »Ich will gar nicht mit dir streiten, ich möchte von dir verstanden und gestreichelt werden.«

Doch eine neue Krise bahnte sich an: Die Frau reagierte zunehmend allergisch darauf, wenn der Mann sie wie eine Tochter behandelte. In dieser Beziehungskonstellation älterer Mann – junges Mädchen schien er sehr stark den Vater-Tochter-Aspekt, den diese Konstellation natürlich auch enthält, zu betonen. Gerade dadurch, daß die Frau neue Lebensmöglichkeiten entwickelte und auch dazu stand, daß sie stark und lebendig war, reagierte sie zunehmend empfindlich auf die zwar verwöhnende, sie aber auch in ihrer Autonomie beengende Haltung ihres Mannes. Wenn sie ihre Zärtlichkeitsbedürfnisse zeigte, forderte sie ihn aber geradezu zu einer verwöhnenden Haltung heraus. Sie hatte das Gefühl, immer mehr in die Tochterrolle zu geraten. Sie sprach davon, daß sie eine echte Partnerschaft haben wolle. Er fühlte sich durch diese Forderung zurückgewiesen; nach seiner Meinung hatten sie es doch sehr schön miteinander, sie hätten doch eine echte Partnerschaft und könnten doch jetzt die meisten Probleme gut lösen. Er hatte Angst, daß sie durch ihre Unzufriedenheit wieder ins Zeus-Hera-Muster zurückfallen könnten.

Der Frau war das auch bewußt, und um zu vermeiden, daß sie wieder in ihre Streitehe zurückfielen, erwog sie die Trennung. Der Mann reagierte sehr erschreckt, münzte sein Erschrecken in die Drohung um, er werde ihr den Geldhahn zudrehen, wenn sie ihn verlasse. Diese Drohung wiederum gab der Frau das Gefühl, wirklich wie eine Tochter vom Vater abhängig zu sein, und das wollte sie auf keinen Fall. Zudem trat ein neues Probelm für die Frau auf: Sie begann, ihrer beider sexuelles Beisammensein als spannungslos und langweilig zu empfinden.

Innere Trennungen

In dieser Phase sprach ich davon, daß es in einer Beziehung manchmal notwendig sei, sich innerlich voneinander zu trennen, ohne daß diese innere Trennung auch in eine äußere Trennung münden müsse. Manchmal ist es sinnvoll, sich auch innerhalb einer Partnerschaft auf sich selbst und auf seine Bedürfnisse zurückzuziehen, auch wenn das wie eine Trennung erlebt wird, die uns auch traurig und wütend macht, die wir verarbeiten müssen fast wie eine äußere Trennung. Die innere unterscheidet sich von einer äußeren Trennung nur dadurch, daß man zunächst beieinander bleibt und sich auch gegenseitig immer wieder Zeichen gibt, wo man sich in seinem Prozeß befindet, was einen gerade beschäftigt, wie man zu der Grundfrage steht, die im Moment dran ist, wie die Beziehungsphantasie aussieht, beziehungsweise daß man daran leidet, keine neue Beziehungsphantasie mit diesem Partner zu haben. Ich versuchte den beiden auch klarzumachen, daß es nicht denkbar sei, daß zwei Menschen ihre Beziehungswandlungen ganz synchron durchleben können, und daß sie schon ungeheuer viel Glück hätten, daß ihnen ihre Zeus-und-Hera-Phase etwa zur gleichen Zeit verleidet war.

Das Problem wurde von der Frau zu diesem Zeitpunkt so formuliert: »Er ist zwar sehr lieb, aber er dominiert mich, ich bleibe bei ihm Tochter; ich bin zwar auch Mutter, aber das ist immer nur vorübergehend. Ich will das auch gar nicht sein. Ich will einen Partner. Nicht mehr wie bei Zeus und Hera soll die Partnerschaft sein, sondern freundlich, zärtlich, aber gleichberechtigt und auch spannend. Wenn ich das mit ihm nicht leben kann, dann mit einem anderen Mann.«

Vom Mann aus wurde die Beziehung so geschildert: »Ich sehe gar kein Problem. Ich finde, wir haben jetzt eine gute Beziehung. Ich dominiere meine Frau doch nicht. Ich sehe nicht ein, wie ich anders sein könnte, ich fühle mich wohl. Ich fühle mich jetzt aber bereits wieder sehr kritisiert, da könnte ich natürlich in die Zeusrolle zurückfallen. Ich bin auch für eine freundliche, zärtliche Partnerschaft, aber die haben wir ja schon.«

Während seine Frau nach einer neuen Beziehungsphantasie suchte, sich innerlich von ihrem Mann entfernte, kam er sich beraubt vor, hatte das Gefühl, jetzt, nach so viel Anstrengung, verlassen worden zu sein, und versuchte, mich in die Rolle der Mutter zu drängen, die ihren Sohn tröstet. Auch versuchte er, mit einer leichten Erpressung die Veränderung zu verhindern, indem er androhte, daß er wieder in die Zeusrolle zurückfallen könnte. Aber niemand fürchtete sich vor Zeus. Im Gegenteil, sein Widerstand gegen die Veränderung half seiner Frau, sich von ihm zu distanzieren und sehr viel klarer zu sehen, was sie wollte. Durch seinen Widerstand konnte sie von den von ihnen beiden bis jetzt gelebten Beziehungsphantasien abrükken, sich abgrenzen.

Die Reaktion des Mannes ist gut einfühlbar: Der Partner, der sich in der Beziehungsphantasie noch wohl fühlt, sieht keinen Grund, etwas zu verändern. Veränderungswünsche des Partners, die sich in neuen Beziehungsphantasien ausdrücken, werden als Störung erlebt, als Strafe, zumindest als Ausdruck der Unzufriedenheit dieses Partners.

Mein Vorschlag, diese Krise als Zeit der inneren Trennung voneinander zu akzeptieren und dabei zu lernen, sich voneinander zu lösen, auch einsam in der Zweierbeziehung zu leben, zu trauern um das, was verloren war, und zu hoffen, daß eine neue Wiederannäherung möglich sein werde, wurde von beiden mit Unwillen aufgenommen. Von der Frau, weil sie jetzt endlich weg wollte; vom Mann, weil er das Gefühl hatte, ich sollte seine Frau besser zur Vernunft bringen und die alten Zustände wiederherstellen.

Ich konnte jedoch die beiden überzeugen, daß es sinnvoll sei, diese Krise im Sinne einer Trennung innerhalb der Beziehung zu sehen, das heißt diese Trennung, die ja faktisch bestand, wahrzunehmen, zu verarbeiten. Ich regte an, diese Zeit auch dazu zu nützen, in ihrem Leben einmal das zu verwirklichen, was sie schon immer gern getan hätten, wenn sie der Partner nicht daran gehindert hätte.

Ich leitete die beiden aber auch an, diese »Trennung« wirklich zu bearbeiten, die Gefühle des Verlassenseins und alle damit verbundenen Emotionen wahrzunehmen, zu spüren, was jedem von ihnen fehlte, wenn der Partner nur noch wenig auf ihn bezogen war. Sie sollten also herausfinden, in welchen Teilen ihrer Seele sie sich nicht mehr angesprochen fühlten, wo sie aber angesprochen sein wollten, und sich dann auch fragen, ob sie diese Gefühle des Lebendigseins selber in ihr Leben einbringen könnten, oder ob sie nur durch die Anwesenheit des Partners erfahrbar wären. Auch bat ich sie, neue Beziehungsphantasien zuzulassen.

Diese Phase dauerte etwa vier Monate. Die Frau stellte fest, daß sie ihren Mann als hindernde Instanz erlebte, auch wenn er von ihrem Tun keine Ahnung hatte und sie real nicht hinderte. Auch fiel ihr auf, wie leicht sie in eine Tochterrolle geriet, sobald ein sie einigermaßen beeindruckender Mann auftrat. Sie nahm es wahr, ärgerte sich und stellte fest, daß sie in dieser Reaktionsweise nicht allein war, sondern sie mit vielen Frauen teilte.

Sie pflegte Beziehungen zu Frauen, fühlte sich dabei wohl und in ihren Problemen verstanden. Es wurde ihr klar, daß viele ihrer Probleme wirklich Probleme einer ganzen Generation sind. Sie vermißte aber die Aufmerksamkeit ihres Mannes, die ihr »Bedeutung« gegeben hatte, wie sie sagte. Sie fand es schwierig, sich diese Aufmerksamkeit selbst zu geben, eigentlich unmöglich. Diese Aufmerksamkeit, die ihr Bedeutung gegeben hatte, war es also, was für sie wichtig an ihrem

Mann war. Auffallend war, daß sie jetzt von Aufmerksamkeit sprach, früher hätte sie von »Kontrolle« gesprochen. Sie vermißte aber auch die Zärtlichkeit, die sie in der Phase zuvor miteinander erlebt hatten, und sie vermißte, daß sie ihn nicht mehr zum Strahlen bringen konnte: »Er kann so strahlen, daß ich mir wie eine Zauberin vorkomme.«

Er konnte ihr also Bedeutung geben, sie zärtlich stimmen, ihr das Gefühl geben, eine Zauberin zu sein. All das schälte sich bei dieser »inneren Trennung« heraus, bei der die beiden nur gerade den gemeinsamen Haushalt mit ihren Kindern (das Paar hat drei Kinder) aufrechterhielten, sich sonst aber einander nicht näherten. Bei den wenigen Gesprächen, die sie führten, um sich zu sagen, welche Erlebnisse sie mit sich selbst in bezug auf die Partnerschaft hatten, versuchte die Frau immer wieder, ihrem Mann deutlich zu machen, wie sie ihn verändert haben wollte, damit sie wieder wirklich miteinander leben könnten.

Der Mann wurde zunächst depressiv, bekam eine Grippe, erholte sich schlecht und wurde vom Arzt zur Erholung weggeschickt. Die verwöhnende Kur bekam ihm gut, er schloß Männerfreundschaften, begann, eine Sportart auszuüben, die seine Frau immer rundweg abgelehnt hatte. Er erkannte, daß sich pflegen, sich verwöhnen, sich Ruhe gönnen auch ein Wert ist. Wer so sehr in einer Zeushaltung steckt, ist natürlich auch jemand, der von sich selber ungeheuer viel Arbeitsleistung und Durchhalten verlangt.

Da für ihn die innere Trennung auch zu einer äußeren geworden war, wurde für ihn die Trauerarbeit viel existentieller. Er begann, seine Frau, die ihn regelmäßig besuchte, aber eben auf eine »getrennte« Art, zu vermissen, vermißte ihre ihn herausfordernde Art und spürte, daß die Mischung von Eros und Aggression, die sie hatte, ihn sehr stimulierte, ihm Lebendigkeit vermittelte. Er war aber zugleich auch froh, daß sie nicht da war, weil er sich so weniger herausgefordert fühlte. So konnte er in Ruhe in Dumpfheit versinken, spürte dann aber, daß er von sich aus da nicht mehr herauskam, daß er die Lebendigkeit, die ihm seine Frau vermitteln konnte, nicht aus sich selbst heraus entwickeln konnte. »Sie macht mich leichter«, sagte er, »und das fehlt mir zunehmend.« Er wurde sich dessen bewußt, daß er, sobald er nicht mehr ganz sicher war, ob ihm seine Frau auch genug »Wertschätzung« entgegenbrachte, versuchte, sie zu dominieren, Liebe zu erzwingen.

Er fragte sich nun selber, ob sie ihn in diesen Situationen wie einen Vater erleben könnte. Er sehnte sich auch nach der erotischen Verbundenheit zurück, die er so sehr geliebt hatte. Immer aber fragte er sich auch: Wenn ich ihr das alles sage, dann gebe ich ja zu, daß ich sie brauche. Wird sie mich dann wieder »unterbuttern«?

Ein Kollege im Kurzentrum half ihm sehr, indem er ihn darauf hinwies, daß Begriffe wie »dominieren« und »unterbuttern« auf ein sehr veraltetes System hinwiesen, auf ein System, das nur Überlegene und Unterlegene kenne und keine Menschen, die miteinander lebten und leben ließen. Dieser Kollege hatte es sich geradezu zur vorübergehenden Lebensaufgabe gemacht, ihn von diesen Begriffen und dem damit verbundenen Denken und Verhalten wegzubringen, was ihm, zumindest teilweise, gelang. Der Mann begann nun auch, im Bereich dieses neuen Denkens und seiner Bedürfnisse neue Beziehungsphantasien zu gestalten. Die ihm wichtigste war: »Ich sehe mich und meine Frau auf einem Spaziergang im Voralpengebiet. Wir sind beide beschwingt. Wir nehmen manchmal den gleichen Weg, manchmal gehen wir getrennte Wege, wie es uns gerade einfällt. Jedesmal, wenn wir uns wieder treffen, strahlen wir uns an und freuen uns.« Beide waren in seiner Phantasie jung und attraktiv.

Die Phantasie drückt Sehnsucht nach wirklich partnerschaftlichem Verhalten aus, eine Beziehungsform ist da gefunden, die Trennungen miteinbezieht, die Autonomiebedürfnisse beider Partner beachtet und die Freude darüber ausdrückt, sich immer wieder zu treffen.

Die Frau fand diese Beziehungsphantasie sehr anregend. Mit dem Spaziergang im Voralpengebiet hatte er sich ja auch ihrem imaginierten Berggang mit dem jungen Mann angenähert. Sie schlug vor, sie könnten doch auch versuchen, das Beziehungsmuster Vater – Tochter als intrapsychisches Problem eines jeden von ihnen zu sehen und auch so zu bearbeiten, wie sie das Beziehungsmuster Zeus – Hera dann endlich integriert hätten. Sie wollte Verantwortung übernehmen für das Väterliche und für das Töchterliche in ihr; er sollte dasselbe tun, da das Erziehungsmuster Mutter – Sohn kaum zum

Tragen kam. Für die Frau bedeutete das, daß sie wahrnahm, wann sie sich zur Tochter machen ließ, und sich dann entschloß, dieses Töchterliche durchaus mitleben zu lassen, aber es vielleicht auch einmal schwesterlich und mütterlich zu betreuen. Sie wollte aber auch sehen, wenn sie selbst in eine väterliche Rolle schlüpfte, vor allem aber auch die Sehnsucht nach einem Vater opfern, der alles für einen ordnet und den man dann dafür beschimpfen kann, und wirklich die Verantwortung für ihr Tun übernehmen.

Er sollte wahrnehmen, wann immer er in Gefahr kam, Vater oder alter Weiser für sie zu spielen, und es zu vermeiden suchen beziehungsweise es dann jeweils anzusprechen. Er sollte aber auch in sich das Töchterliche fühlen, seine weiche Seite. Beide waren bereit, dieses Beziehungsmuster auch als intrapsychisches Zusammenspiel zu sehen; oft aber konnten sie im Alltag nicht vermeiden, daß sie einander verführten, das alte Spiel zu spielen.

Ein typisches Beispiel dafür: Die Frau muß in der Frauengruppe ein Referat halten. Sie hat noch nie ein Referat gemacht, seit sie die Schule verlassen hat. Sie kommt zu ihrem Mann und fragt: »Wie soll ich das Referat machen?« Er ist hocherfreut, beginnt aufzuzählen: 1. mußt du . . ., 2. . . ., 3. . . ., 4. . . . und holt schließlich Literatur hervor. Sie wird wütend und sagt: »Jetzt bevormundest du mich wieder, jetzt behandelst du mich wie eine Tochter.« Er ist verletzt und empört: »Du hast doch selber um Hilfe gebeten. Wenn ich sie dir gebe, dann bevormunde ich dich . . .« Sie sagt darauf: »Ich habe um Hilfe gebeten, aber ich will nicht *so* Hilfe bekommen . . .«

Und dann stritten sie wieder einmal wie in alten Zeiten, bis ihnen auffiel, daß sie vielleicht doch wieder – und zwar beide – ins Vater-Tochter-Muster eingeschwenkt waren.

Was war geschehen? In der Frau selbst ist dieses Paar alter weiser Mann – kleines Mädchen aktiviert worden. Sie wollte ein ganz tolles Referat halten, eines, bei dem alle über ihre Reife staunen sollten. Dieser Anspruch hatte aber auch das junge Mädchen in ihr konstelliert, das Angst hatte vor soviel Druck. Als Tochter lief sie wirklich wieder zu ihrem Mann und verlangte die Hilfe des Vaters, der zugleich weise zu sein hatte. Er nahm diese Rolle dankbar und unverzüglich an und gebärdete sich als der, der alles weiß. Statt ihr wirklich zu helfen, indem er etwa aus ihr herausgefragt hätte, was sie denn mit ihrem Referat wolle, was ihre Hauptthesen seien, indem er sich vielleicht einige Thesen hätte genauer erklären lassen, so daß sie sich sprechend klargeworden wäre über das, was sie wollte, hatte er ihr Anweisungen gegeben. Anweisungen hemmen aber immer die Autonomie. Er mußte lernen, und sie in anderen Situationen ebenso, daß nicht das Einander-Helfen zu vermeiden ist, sondern daß man einander so helfen muß, daß jeder dabei zur Selbsthilfe angeregt wird.

Anmerkungen

1 Dorst, T., Merlin, Frankfurt 1981
2 Hetmann, F., in: White, T. H., Das Buch Merlin, Köln 1980
3 Herder Lexikon Symbole, Freiburg i. Br. 1978
4 Boron, R. de, Merlin – der Künder des Graals, Stuttgart 1980, S. 175–185
5 Hetmann, F., a.a.O., S. 237
6 Göttner-Abendroth, H., Die Göttin und ihr Heros, München 1980
7 Zimmer, H., Abenteuer und Fahrten der Seele, Köln 1977, S. 190
8 Riedel, I., Farben, Stuttgart 1983
9 Zimmer, H., a.a.O., S. 203
10 Herder Lexikon, Germanische und keltische Mythologie, Freiburg 1982, S. 134
11 vgl. die Heilige Hochzeit der Muttergöttin mit einem jungen Gott, wie Ishtar und Tammuz sie im Frühling feiern.
12 Boron, R. de, a.a.O., S. 194
13 Goethe, J. W. von, Der Westöstliche Divan. Nachwort von Hellmuth Freiherrn von Maltzahn. dtv-Gesamtausgabe 5, München 1961, S. 262f.
14 Maltzahn, in: Goethe, Der Westöstliche Divan, a.a.O., S. 262
15 Maltzahn, a.a.O., S. 262
16 Maltzahn, a.a.O., S. 263
17 Frisch, M., Montauk, Frankfurt 1975, S. 71ff.

Bruder Mann und Schwester Frau

Die Beziehungsphantasie der Solidarität und der Gleichgewichtigkeit

»Wie schön, meine Schwester Braut,
sind deine Liebkosungen;
deine Liebkosungen um wieviel besser als Wein,
und der Duft deiner Öle geht über jeden Balsam!«

»Es duften die Liebesäpfel;
und über unsern Türen liegen allerart köstliche Früchte,
neue und alte,
die habe ich aufgespart für dich, mein Geliebter!
Ach wärst du mir wie ein Bruder,
an der Brust meiner Mutter genährt!«

Das Hohelied

Der neue Beziehungstraum

Eine neue Phase der Beziehung wurde für das Paar durch einen Traum der Frau eingeleitet: »Ich bin in einer benachbarten Stadt. Ich suche dort meinen Mann, der in einem Haus eine Wohnung oder ein Büro hat. Warum, weiß ich nicht. Ich weiß aber, welchen Klingelknopf ich drücken muß. Nachdem ich aber geläutet habe, wie wenn ich ganz vertraut wäre mit dieser Wohnsituation, will ich mich doch noch einmal versichern, daß ich den richtigen Knopf gedrückt habe. Auf dem Schild steht: ›Brudermann‹.«

Der Mann hatte dieser Traumerzählung mit fasziniertem Gesicht zugehört, als er merkte, daß der Traum von ihm handelte. Er war sehr froh, daß die Frau ihn im Traum suchte, hatte er doch das berechtigte Gefühl, daß ihm am Weiterbestehen dieser Beziehung eigentlich mehr lag als ihr. Er sagte strahlend: »Wenn ich dein Brudermann wäre, dann wärst du meine Schwesterfrau.«

»Brudermann« und »Schwesterfrau« wurden so zu Stichwörtern für eine neue Beziehungsphantasie, die sie miteinander imaginierten, wobei ihnen auffiel, daß die Beziehungsphantasie des Mannes vom Spaziergang im Voralpengebiet sich ohne Abstriche in diese neue Phantasie einfügen ließ. Die Bezeichnungen Brudermann und Schwesterfrau wurden für beide sehr wichtig. Die Ausdrücke Bruder und Schwester für sich allein hätten die erotische und sexuelle Komponente, die beiden wichtig war, zu sehr ausgeblendet. Wir kennen ja auch den Ausdruck »Bruder-Schwester-Ehen« für eine Ehe, in der Sexualität keine Rolle spielt.

Mann und Frau sind hier ergriffen und getragen von einer starken Dynamik, ausgedrückt durch den Wind, der Geist und Ekstase symbolisieren kann. Dieses Ergriffensein kann durchaus mit Angst verbunden sein. Mann und Frau ruhen dennoch, einander zugewandt, in diesem stürmischen Element. Sie sind nicht voneinander, sondern beide von dieser stärkeren Kraft abhängig, die sich durch die Farben Blau-Grün-Weißlich auch als Dynamik einer Meereswoge verstehen ließe.
In seinem gemeinsamen Ergriffen- und Getragensein von dieser Naturgewalt, der es zugleich ausgeliefert ist, kann dieses Paar ein Symbol für das Beziehungsmuster Bruder Mann und Schwester Frau sein.

Oskar Kokoschka. Die Windsbraut. 1914. Basel, Kunstmuseum.

Für beide war im Paar Brudermann – Schwesterfrau eine Beziehungsform ausgedrückt, in der zunächst das Brüderliche und das Schwesterliche wichtig ist, verstanden als die Möglichkeit des Einander-Beistehens, ohne daß nach Dominieren und Unterwerfen gefragt würde, also einer ganz besonderen Solidarität. Auch phantasierten sie dabei eine Nähe, die auch Abgrenzung zuließ, ohne daß man sich verlassen vorkommen müßte: Bruder und Schwester gehören einfach zusammen als Kinder derselben Eltern, sogar dann, wenn sie das lieber nicht wahrhaben möchten.

In Bruder und Schwester, so hatten beide das Gefühl, sei ausgedrückt, daß man notfalls immer aufeinander zurückgreifen könne. Sogar in schwierigsten Situationen könne man aufeinander zählen. Darin war auch ausgedrückt, daß man sich seine gegenseitige Ohnmacht eingestehen, daß man aber auch auf den Beistand des andern rechnen könne; man könne auch Distanz voneinander ertragen, weil der andere zuverlässig ist. Im Ausdruck Brudermann und Schwesterfrau schwang für die beiden der ganze erotisch-sexuelle Bereich mit, gründend auf diesem Grundgefühl der Beziehungsphantasie des Sich-aufeinander-verlassen-Könnens.

Das Gefühl, sich aufeinander verlassen zu können, sich so geben zu dürfen, wie einem zumute ist, dabei auch Blößen zeigen zu dürfen, kam in all diesen Beziehungsphantasien vor, verbunden mit einem neuen Lebensgefühl der Sicherheit und der Freude.

Die beiden versuchen, diese Beziehungsphantasie so gut wie möglich zu leben. Selbstverständlich haben sie Rückfälle, aber sie können diese Rückfälle auch verstehen als Hinweis darauf, daß sie womöglich Bedürfnisse, die ihnen wichtig sind, nicht zu formulieren gewagt oder nicht wahrgenommen haben.

Selbstverständlich kann man den Traum vom »Brudermann« für die Frau sowohl als Veränderung ihrer Beziehung zum Männlichen außerhalb als auch als Veränderung des Verhältnisses von Männlichem zu Weiblichem innerhalb ihrer eigenen Psyche sehen. Eine Folge der Zeus-Hera-Ehegeschichte war die Einsicht, daß beide Partner in sich starke männliche und weibliche Anteile hatten – und haben –, die sie damals so nicht akzeptieren konnten, weil die Frau ihre eigenen männlichen Aspekte nicht sehen, aber trotzdem stark sein wollte. In ihr selbst tobte ein Kampf um ihre Identität. Mit der Beziehungsphantasie Brudermann – Schwesterfrau hatte sie auch eine innere Beziehung zwischen Männlichem und Weiblichem gefunden, bei der sie sich »ausgewogen« fühlte, weil das Männliche nicht alles bestimmte, aber auch nicht das Nur-Weibliche.

Ich habe an diesem Paar zu zeigen versucht, wie ein Beziehungswandel innerhalb einer Partnerschaft vor sich gehen kann und wie stark er davon abhängt, welche Beziehungsphantasien bei beiden Partnern dominieren und ob neue Beziehungsphantasien, die einer der Partner aufbringt, vom andern geteilt werden können. Der Übergang von einer überlebten Beziehungsphantasie zu einer neuen ist eine Phase der Wandlung und immer mit einer Krise verbunden, wobei gerade diese Krise die Chance ist, den Partner in einer neuen Beziehungsphantasie wieder neu zu entdecken.

Ich habe dieses Beispiel aber auch gewählt, weil mir dieses Paar typisch zu sein scheint für viele heutige Paare, die auf der Suche nach neuen Beziehungsphantasien sind, wobei verschiedene Beziehungsphantasien zur gleichen Zeit im Spiel sein können. Beziehungsformen, die eine Macht-Dynamik beinhalten, scheinen mir heute häufig. Das könnte damit zu tun haben, daß der ganze Bereich des Sich-behaupten-Wollens als viel wertvoller erlebt wird als der Bereich des Sich-Hingebens, des Sich-Hineingebens, des Sich-auch-einmal-verlieren-Könnens, ja vielleicht des Gebens ganz allgemein.

In der Brudermann-Schwesterfrau-Beziehungsphantasie könnte sich vielleicht eine neue Beziehungsform zwischen Menschen ganz allgemein, nicht nur in der Ehe, zeigen, die nicht primär auf Dominieren aus ist, sondern auf ein Miteinandersein auf gleicher Ebene, auf der beide einander anregen können, die Beziehung kreativ zu gestalten, wobei beide einander auch die Grundsicherheit, das Grundvertrauen geben, auf dem sich Beziehung erst wirklich entwickeln kann. Beide wären dann hingegeben an die Beziehung. In der Beziehungsphantasie Brudermann – Schwesterfrau könnten wir, Frauen und Männer, vielleicht erleben, daß wir zwar sehr verschieden sind, aber eigentlich Kinder des gleichen Lebens, wenn auch frau- und mannförmig; vielleicht hätten wir dann weniger gegenseitiges Mißtrauen, so daß wir nicht nur den Kampf, sondern auch die Liebe wagen könnten.

Das Paar Bruder – Schwester ist in seiner Wichtigkeit für das Zusammenleben der Menschen von alters her belegt. Aber außer den Mythen mit matriarchalen Strukturen, wie etwa dem ägyptischen Isis-Osiris-Mythos, wo Isis sowohl die Mutter als auch die Gattin und die Schwester des Osiris ist, also auch sexuelle Liebe zwischen den beiden spielt, haben alle anderen Bruder-Schwester-Geschichten bereits ein Inzesttabu. Die Wichtigkeit dieser Beziehung liegt denn auch viel mehr im gegenseitigen Schutzbieten, in der gegenseitigen Fürsorge, die unabhängig ist von erotisch-sexueller Anziehung und darum wohl auch zuverlässiger, wobei gerade die erotisch-sexuelle Anziehung diese Geschwisterpaare auch scheitern lassen kann in ihrer Aufgabe als Geschwister aneinander[1].

Dieses Einander-Beistehen ist vor allem in dem Drama »Iphigenie« des Euripides ausgedrückt, in dem Orest die verbannte Iphigenie zurückholt. Vielhauer meint, daß in dem Geschwisterpaar Iphigenie – Orest sich das Geschwisterpaar Artemis – Apollo verbirgt[2].

Aber nicht um ein solches Geschwisterpaar geht es bei der Beziehungsphantasie Brudermann – Schwesterfrau, obwohl das Charakteristische der Bruder-Schwester-Beziehung schon darin liegt, nämlich der gegenseitige Beistand, das Gefühl, immer noch jemanden zu haben, auf den man sich verlassen kann, samt der damit verbundenen »Lebenssicherheit« und dem Gefühl der Gleichgewichtigkeit zwischen Mann und Frau. Vielhauer weist nach, daß sogar in Kulturen, in denen die Frau als käufliches Eigentum für eine Ehe galt, sie innerhalb der Bruder-Schwester-Beziehung doch gleichberechtigt war.

In der Beziehung Brudermann – Schwesterfrau geht es um dieses Brüderliche und Schwesterliche, aber nun in Verbindung mit Eros und Sexualität. Unter den mythologischen Paaren scheinen mir Isis und Osiris aber nicht das geeignete Beispiel für diese neue Paar-Phantasie zu sein, weil in diesem Mythos die beiden in ihrer Beziehungs-Rolle zu ungleichgewichtig sind und der Mythos der großen Liebesgöttin mit ihrem Sohngeliebten sehr stark hineinspielt. Eine Brudermann-Schwesterfrau-Phantasie scheint mir am ehesten im Hohenlied dargestellt zu sein.

Shulamit und Salomo

Das Hohelied wurde im 4. und 3. Jahrhundert vor Christus niedergeschrieben. Hartmut Schmökel weist in seinem Buch »Heilige Hochzeit und Hoheslied«[3] nach, daß im Hohenlied viele Parallelen zum Ishtar-Tammuz-Mythos zu finden sind. Das ist offensichtlich, dennoch habe ich den Eindruck, daß dieser Mythos im Hohenlied etwas umgeformt – nicht verformt – worden ist in Richtung einer Beziehung Schwestermann – Bruderfrau. Ich betrachte dieses Lied nun unter diesem Aspekt und lasse alle anderen Aspekte, die selbstverständlich auch bedacht werden könnten, beiseite.

Shulamit und Salomo reden sich als Bruder und Schwester an, haben aber zugleich eine wundervolle Liebesgeschichte miteinander. Nun ist die Anrede »Bruder« und »Schwester« zu jener Zeit im Orient gebräuchlich für einen geliebten Menschen, dennoch scheint es mir wesentlich, daß diese Bezeichnungen hier gebraucht werden.

Die beiden sind in ihrem Liebeswerben, in den Preisliedern des Liebenden auf die Geliebte und der Liebenden auf den Geliebten und auch in ihren gegenseitigen Liebesschwüren gleichermaßen beteiligt. Das scheint mir darauf hinzuweisen, daß der Ishtar-Tammuz-Mythos durch patriarchalen Einfluß umgewandelt worden ist und zu einer Beziehungsphantasie geführt hat, die wir vielleicht heute langsam einzulösen beginnen. Die Initiative des Liebeswerbens geht von der Braut aus. Aber hätte eine Ishtar sagen können: »Ziehe mich dir nach?« Wohl kaum.

Das Hohelied

Die Braut:

Daß er mit seines Mundes Küssen mich küßte!
Ja, köstlicher als Wein sind deine Liebkosungen.

Deine Öle sind köstlich an Duft;
wie ausgegossenes Öl ist dein Name;
darum lieben dich die Mädchen.

Ziehe mich dir nach! Laß uns enteilen!
Der König bringt mich in seine Gemächer!

Jauchzen wollen wir und deiner uns freuen,
deine Liebkosungen höher rühmen als Wein!
Man liebt dich wirklich mit Recht (1,2–4).

Das Preislied zwischen dem Geliebten und der Geliebten erfolgt in einem ganz ausgewogenen Zwiegespräch:

Er
Ja, du bist schön, meine Freundin,
ja, du bist schön!
Deine Augen sind Tauben (gleich)!

Sie
Ja, du bist schön, mein Geliebter,
wirklich reizend!
Und unser Lager ist frisches Grün;

Er
das Gebälk unseres Hauses ist (von) Zedern,
unsere Wände sind (von) Zypressen (1,15–17).

Sie
Ich bin die Narzisse von Saron,
die Lilie der Täler!

Er
Wie die Lilie unter den Disteln,
so meine Freundin unter den Mädchen!

Sie
Wie unter den Waldesbäumen der Apfelbaum,
so mein Geliebter unter den Burschen (2,1–3).

Der Bräutigam wirbt, indem er sie als Schwester Braut anspricht:

Du, meine Schwester Braut, hast mein Herz berückt:
hast mein Herz berückt
Mit einem einzigen (Blick) deiner Augen,
einer einzigen Kette deiner Halsketten!

Wie schön, meine Schwester Braut, sind
deine Liebkosungen;
deine Liebkosungen um wieviel besser als Wein,
und der Duft deiner Öle geht über jeden Balsam!

Ein verschlossener Garten (bist du),
meine Schwester Braut,
ein verschlossener Garten, ein versiegelter Quell
(4,9.10.12).

Sie erhört die Werbung:

Der Gartenquell ist ein Born lebendigen Wassers,
das herabfließt vom Libanon,

Nordwind, erhebe dich, und Südwind, eile herbei!
Durchwehe meinen Garten, daß seine Düfte strömen!
Mein Geliebter möge kommen in seinen Garten,
und seine köstlichen Früchte genießen (4,15.16).

Im Hochzeitslied sagt sie freudig, was sie ihm alles zu geben hat. Sie zeigt sich, wie im ganzen Lied, als Frau mit Selbstbewußtsein und großer Freiheit.

Ich gehöre meinem Geliebten,
und nach mir steht sein Verlangen.

Komm, mein Geliebter, gehn wir aufs Land
und nächtigen in den Dörfern!

Früh zu den Weinbergen laß uns ausgehen
und sehen, ob die Reben (schon) treiben.
(Ob) die Blütenknospen aufbrechen,
die Granatbäume blühen.
Dort will ich dir schenken meine Liebkosungen.

Es duften die Liebesäpfel;
und über unsern Türen liegen allerart köstliche Früchte,
neue und auch alte,
die habe ich aufgespart für dich, mein Geliebter (7,11–14).

Ach, wärst du mir wie ein Bruder,
an der Brust meiner Mutter genährt! (8,1).

Ich fasse den Ausdruck »Ach, wärst du mir wie ein Bruder« im symbolischen Sinn auf, im Sinne einer Beziehungsphantasie, denn daß sie einen leiblichen Bruder auf der Straße küssen könnte, ohne daß es ihr jemand verübelte, dürfte wohl kaum den damaligen Gepflogenheiten entsprochen haben.

Das Hohelied klingt mit dem Liebesversprechen aus:

Tue mich wie ein Siegel auf dein Herz,
wie ein Siegel an deinen Arm!
Ja, stark wie der Tod ist die Liebe,
hart wie die Unterwelt die Leidenschaft (8,6)[4].

So scheint mir kein Sohngeliebter zu sprechen, wohl aber ein Mann, der um Liebe und Tod weiß. So erscheint mir Brudermann – Schwesterfrau als eine Beziehungsphantasie – eine utopische? –, die, aus dem matriarchalen Ishtar-Tammuz-Mythos geboren, in dem vom israelischen Patriarchat umformulierten Hohenlied überzeugend als eine gleichgewichtige Frau-Mann-Beziehung dargestellt ist. Durch diesen Text wurde zugleich die alte, selbstbewußte Rolle der Frau weiterüberliefert, ironischerweise auch in den Zeiten des patriarchalen Juden- und Christentums bis in unsere Zeit.

Die bezogene Existenz

Beziehungsphantasien sind in der Beziehung von Liebenden am farbigsten und darum am leichtesten zu erkennen. Liebende überlassen sich freudig diesen Phantasien und werden dadurch bis in die Tiefe ihrer Persönlichkeit erfaßt und umgestaltet. Sie geraten innerlich in Bewegung, und das kann Freude, aber auch Angst auslösen. Paarphantasien drücken – gerade auch in gelebten Partnerschaften – die ausgesprochenen und vor allem die unausgesprochenen Sehnsüchte aus, die mit der Beziehung verbunden sind. Wenn wir eine Veränderung der Beziehungsphantasien zulassen, spricht sich in ihnen auch die Sehnsucht nach einer immer wieder lebendigen Beziehung aus, die sich verändern kann, muß und darf, so wie das Leben sich immer verändert. Das »Abschiedliche« unserer Existenz zeigt sich in der Notwendigkeit zu jeweils neuen Beziehungsphantasien, in neuen Beziehungssehnsüchten, die, wenn man gut gewählt hat, durchaus vom alten Partner auch geteilt werden können. Neue Beziehungsphantasien haben heißt aber immer auch, Abschied zu nehmen von alten Beziehungsmustern.

Beziehungsphantasien verschiedener Typen – wie Shiva – Shakti, Ishtar – Tammuz, Zeus – Hera, Merlin – Viviane, Brudermann – Schwesterfrau –, die ich als Modelle genommen habe, sehen natürlich bei jedem Menschen wieder etwas anders aus. Sie scheinen auch nebeneinander zu bestehen, wobei die eine oder die andere Phantasie jeweils vorherrschend ist und das Beziehungsverhalten dominiert. Diese Phantasien sind als Ausdruck der verschiedenen möglichen Gestalten menschlicher Beziehungsfähigkeit zu verstehen.

Mir ist aufgefallen, daß eine Shiva-Shakti-Beziehungsphantasie bei all den Paaren, die sich lieben, mehr oder weniger bewußt wahrgenommen, zugrunde liegt und daß eine Schwesterfrau-Brudermann-Phantasie sich bei immer mehr Paaren in unserer Zeit anzukündigen scheint.

Diese Beziehungsphantasien in ihren sich immer wieder verändernden Bildern haben aber nicht nur ihren Platz in Liebesbeziehungen. Wir entwickeln diese Phantasien in allen möglichen Beziehungen und auf alle möglichen Partner hin. Gerade Menschen, die in keiner Liebesbeziehung stehen, können sehr intensive Beziehungsphantasien pflegen. Die Sehnsucht nach Liebe kann diesen Beziehungsphantasien eine sehr große Intensität verleihen und den Phantasierenden mit Gefühlen des Ganzseins und der Liebe erfüllen. Nicht nur ein lebendiger Partner regt uns an, eine Beziehungsphantasie zu schaffen und dadurch ihn in seinen besten Lebensmöglichkeiten und in Beziehung zu ihm auch uns selbst in einer neuen Sicht zu sehen. Auch Begegnungen mit Traumfiguren können ähnliche Prozesse auslösen, ebenso Begegnungen mit Gestalten der Literatur und in Filmen, die uns beeindrucken. Es ist dann, als ob wir darauf gewartet hätten, daß jemand oder etwas uns auf eine neue Lebensmöglichkeit hin anspricht.

Wir alle haben zu gleicher Zeit viele Beziehungsmöglichkeiten, wenn wir uns darauf ansprechen lassen, sind also vielfältig bezogen auf Menschen, Anregungen, Dinge, die uns aus der Welt entgegenkommen, uns anregen, also etwas in uns in Bewegung bringen; und das hat letztlich mit unserer Individuation, mit unserem Selbstwerdeprozeß zu tun. Denn nicht alles kann uns gleichermaßen anregen, wir müssen vielmehr ansprechbar sein und unsere Ansprechbarkeit auch wahrnehmen, um sie in unserer Phantasie auszugestalten.

Beziehungsphantasien haben die Funktion, uns mit dem Anruf der Welt im weitesten Sinne und unserer Antwort darauf in Beziehung zu setzen, und indem wir sie gestalten,

gestalten wir Möglichkeiten unserer Persönlichkeit, die erst in dieser Bezogenheit wirklich ins Leben treten können. Letztlich geben wir in Beziehungsphantasien unseren tiefsten Sehnsüchten nach Überwindung des Getrenntseins vom anderen Menschen, von der Welt, damit aber auch unseren tiefsten Sehnsüchten nach immer größer werdender Ganzheit Gestalt. Wenn unsere Beziehungsphantasien vom Partner nicht geteilt werden, erleben wir, daß diesem Streben nach Ganzheit, nach tiefster Verbundenheit immer auch Grenzen gesetzt sind und Trennung ebenso fundamental ist, was die Sehnsucht nach Verbundenheit gerade wieder vorantreibt.

Beziehungsphantasien können uns, ohne daß sie auf eine konkrete Person bezogen wären, ein Gefühl von großer Ganzheit geben oder Ausdruck einer suchenden Sehnsucht nach etwas in uns sein, das größere Ganzheit verspricht.

Die Liebe ist es, die diesen Beziehungsphantasien sozusagen Flügel verleiht, selbst aber auch wieder von diesen Beziehungsphantasien genährt wird. Es ist dann schwer auszumachen – und wohl auch nicht nötig, es zu wissen –, ob die Beziehungsphantasie oder die in ihr sich auszeugende Liebe es bewirkt, daß wir ein neues Lebensgefühl der Daseinsfülle, der Hoffnung, der Schöpfungswonne erleben, verbunden mit dem Gefühl des Beheimatet-Seins, aber auch der Ahnung, alles Alltägliche transzendieren zu können, ja Transzendenz in der Liebe zu erleben. Dann, als so Liebender, wagt der Mensch sich ganz, verausgabt er sich in dem Gefühl, geben zu können, sich geben zu können; das aber wiederum belebt die Beziehungsphantasie, steigert die Liebe.

Dieses Lebensgefühl kann sich auch der Welt des Alltäglichen, des Widerständigen verbinden, sei es, daß wir, wissend um diesen Aspekt, das Widerständige – das, was sich uns ständig hemmend entgegenstellt – als *einen* Aspekt der menschlichen Existenz verstehen und nicht als das *Ganze* der menschlichen Existenz, sei es, daß wir liebevoller auch mit dem Widerständigen umgehen können und es dadurch auch verwandeln.

Wir haben teil an der Liebe, und wir haben teil an der Welt des Alltäglichen. Damit meine ich nicht, daß Liebe primär ein Gefühl ist, das zwischen den Menschen ist. Liebe ist primär *ein Gefühl von mir,* von dem ich erfaßt bin, das in mir aufbricht; es sucht aber immer zugleich eine Verbindung zu einem Du, sei es ein Liebespartner, eine Sache, die Natur, Gott. Ich halte Liebe für das Gefühl, das Getrenntes lustvoll vereint und doch weiß, daß wir letztlich einzelne bleiben müssen. Liebe schafft Beziehung, aber es gibt auch Beziehungen, in denen sich kaum Liebe ereignet. Liebe hat immer auch einen Aspekt des Unvorhersagbaren, auch der Gnade. Beziehung, Bezogenheit ist viel nüchterner, sehr viel mehr von meinem Entschluß abhängig. In Beziehung zu treten kann aber der erste Schritt dahin sein, daß Liebe aufkeimen kann. Denn in Beziehung treten meint, sich einem andern öffnen, sich auch von einem Du her ansprechen, verstehen lassen, mit einem Du etwas teilen, auch im Sinne des Mit-Teilens und des Teilnehmens am andern. Sich von einem Du ansprechen lassen, teilen, sich öffnen, teilnehmen aneinander sind Aspekte der Liebe, ohne schon das Wesen der Liebe auszumachen.

Mit diesem Sich-ansprechen-Lassen beginnen aber die Beziehungsphantasien, eine Beziehungswirklichkeit zu erschaffen; sich immer wieder neu ansprechen zu lassen, auch durch einen »alten« Partner in einer bestehenden Beziehung, das macht immer wieder das Aufbrechen von Liebe möglich.

Dieses In-Beziehung-Treten, dem intrapsychisch das Aufbrechen von Beziehungsphantasien entspricht, braucht eine liebevolle Haltung. Liebe können wir nicht »machen«, aber um eine liebevolle Haltung können wir uns bemühen.

Dem Teilhaben an der Welt des Alltäglichen und an der Welt der Liebe entsprechen zwei Haltungen dem Leben gegenüber: die »Bewältigungshaltung«, wie ich sie nennen will, und die »liebevolle Haltung«. Im Idealfall vermischen sich diese beiden Haltungen, im schlechteren Fall gleiten wir in eine der beiden ab.

Für die liebevolle Haltung bekommt alles Seele, bekommt alles einen Wert in sich. Sie ist achtsam und darauf aus, alles, mit dem sie offen in Beziehung tritt, zu mehren, auszuweiten; in der liebevollen Haltung geben wir uns, wagen wir uns aus einer Position der Fülle, in der wir nicht horten müssen. Die liebevolle Haltung läßt den andern frei. Sie ist zärtlich in einem umfassenden Sinne. Ihre Gebärden sind das Umarmen und Wieder-Loslassen, das Streicheln – mit Worten, mit Händen, mit Augen usw. Ihre Imagination ist die Imagination des

Wachsens, des Entfaltens ohne große Eingriffe. Die liebevolle Haltung ist nichts »Süßliches«, sie ist offen zum Emotionalen hin, der Wahrheit des Herzens verpflichtet und durchaus bereit, Unstimmigkeiten – auch aggressiv – anzusprechen. Eine liebevolle Haltung darf nicht mit Harmonisierungstendenzen verwechselt werden. Die liebevolle Haltung meint das Du, der Harmonisierungstendenz geht es um das Ich.

Der »Bewältigungshaltung« geht es um das Erledigen des Anliegenden, darum, daß Aufwand und Ertrag einander zumindest die Waage halten oder aber der Ertrag größer ist. Es geht um Bewältigen und um Nutzen. Wo die liebevolle Haltung den andern freiläßt, wird hier der andere oder das andere eingesetzt für meine Vorstellungen, es wird bemessen und nach der Angemessenheit gefragt, nicht nach Fülle. Gebärden der Bewältigungshaltung sind das Anpacken, das An-einen-richtigen-Platz-Räumen, das Stoßen und Zerren, das Erledigen. Ihre Imagination ist die Imagination der Ordnung, des Bewältigten, des Erledigten. Diese Bewältigungshaltung weiß, wie die Dinge sich verhalten müssen, wie das Du sich verhalten muß, aber nicht wie die liebevolle Haltung aus einem Sich-Einfühlen die Dinge wachsen läßt. Die Bewältigungshaltung kann in eine Haltung des reinen Manipulierens abgleiten.

Wenn wir wirklich Menschen sind, die, um einen Ausdruck von Ludwig Binswanger[5] zu gebrauchen, dem ich viel Anregung zum Thema verdanke, »in der Welt« und gleichzeitig auch »über die Welt hinaus« sind, werden wir immer Anteil haben an beiden Haltungen, wobei mir scheint, daß wir die liebevolle Haltung in ihrem Wert erst wieder so richtig schätzen lernen müssen. Ich behandle sie hier deshalb bevorzugt, ich möchte sie uns liebenswert machen.

Denn die liebevolle Haltung ist die Möglichkeit, nicht in Destruktivität und reine Manipulation abzugleiten. Sie würde uns wohl auch wieder Freude und damit Vitalität zurückbringen. Sie würde uns aber auch in die Welt der Beziehungsphantasien bringen und uns dazu führen, einander zu mehren, zu fördern, statt aneinander vorbeizugehen. Selbstverständlich ist die Bewältigungshaltung auch wichtig, auch in der schönsten Liebe muß Leben bewältigt werden, und viele Beziehungsphantasien werden recht schnell ernüchtert, wenn der Alltag zu kraß zeigt, daß der Mensch, den man so herrlich, so beeindruckend gesehen hat, bei den einfachsten Tätigkeiten versagt.

Dennoch meine ich, daß das »Bewältigen« viel mehr geübt wird als das Liebevoll-Sein, daß eine »liebevolle Bewältigungshaltung« dem Leben gegenüber aber angemessen wäre, wenn wir unser volles Menschsein ausschöpfen wollten und damit in unseren Beziehungen erfüllter und sicherer würden.

Die Beziehungsphantasien stehen im Dienste der Bezogenheit zum Du, zur Welt, aber auch zur eigenen Tiefe. In ihnen drückt sich eine Dynamik des Lebens aus, die uns immer mehr zu uns selbst kommen lassen will – am Du, in der Bezogenheit auf ein Du, an der Welt.

Während man sich zum Sich-Öffnen, zum Teilen, Sich-einander-Mitteilen und auch zur liebevollen Haltung, also zur Beziehung und zur Bezogenheit entschließen kann, ist das Überschwingen zur Liebe etwas, das geschieht oder nicht geschieht. Man kann sich nur offenhalten dafür – und soll es auch tun.

Anmerkungen

1 Cocteau, J., Les enfants terribles, Paris 1929

2 Vielhauer, I., Bruder und Schwester. Untersuchungen und Betrachtungen zu einem Urmotiv zwischenmenschlicher Beziehung, Bonn 1979, S. 57–59

3 Schmökel, H., Heilige Hochzeit und Hoheslied, Wiesbaden 1956

4 Zitiert nach der Herder-Bibel, Freiburg 1965

5 Binswanger, L., Grundformen und Erkenntnis menschlichen Daseins, München/Basel 1962

Eine Auseinandersetzung mit dem Animus- und Animabegriff C.G. Jungs

In dieser vorliegenden Arbeit ging ich davon aus, daß Anima und Animus Archetypen sind, die von Mann und Frau jeweils beide erlebt werden können. Dabei scheint mir gerade das Zusammenspiel Anima – Animus in jedem Menschen von großer Wichtigkeit und Bedeutung zu sein, sowohl für das Erleben der eigenen Identität als auch für die Beziehungsphantasien, die wesentlich Ausdruck dieses Zusammenspiels von Anima und Animus sind und die jeder Beziehung zugrunde liegen. Dieser meiner jetzigen Sicht ist eine lange Auseinandersetzung mit den Animus- und Animabegriffen von C. G. Jung vorangegangen, die ich hier skizzieren möchte.

Das große Verdienst von Jung ist es, daß er immer wieder betont, daß in jedem Manne auch »Weibliches« (Anima), in jeder Frau auch »Männliches« (Animus) mitleben will, daß, entsprechend der menschlichen Biologie, männliche und weibliche Hormone in verschiedenen Proportionen in männlichen und weiblichen Körpern vorkommen. Diese Einsicht hat Jung immer wieder vertreten und auch betont, daß es zur Ganzheit gehört, daß jeder Mensch Männliches und Weibliches leben soll gemäß den Proportionen, die in ihm angelegt sind. Insofern gab er mit diesem Konzept auch vielen Menschen die Möglichkeit, sich zu akzeptieren, wie sie waren, und nicht so, wie ein starres Rollendenken sie haben wollte. Dieses Gedankengut ist heute kollektiv wirksam; Rollenklischees werden in Frage gestellt, damit ist aber auch ein kollektiver Entwicklungsprozeß in Gang gekommen, der die Veränderung unseres Zusammenlebens bewirkt, aber auch das Selbstverständnis von Familien verändert.

Die Idee, daß der Mann auch weibliche Züge haben darf, daß er sensibler, intuitiver werden soll, die Überzeugung, daß eine Frau auch autonom sein darf, zweckgerichtet denken kann und soll, ist heute verbreitetes Gedankengut und wird von vielen Menschen zu leben versucht.

Zu dieser kollektiven Bewußtseinsveränderung hat Jung sicher sehr viel beigetragen. Er wird dafür mit Recht gelobt, anderseits wird er aber auch gescholten, weil sein Konzept von Animus einerseits und Anima anderseits so ganz und gar nicht gleichwertig ist. Schon bei Jung ist unübersehbar, daß die »Anima« für ihn etwas sehr Wertvolles, Erstrebenswertes ist, der »Animus« hingegen oft eine Quelle des Ärgernisses; er ist das nicht nur, selbstverständlich, aber doch überwiegend. Und damit sind die Frauen, die ja »nur« einen Animus haben, wiederum in einer schlechteren Position als die Männer, wie schon eh und je seit Aristoteles.

Eine Theorie entwickelt sich nicht nur dadurch, daß Menschen an ihr bauen, sie umbauen; sie entwickelt sich auch durch den alltäglichen Gebrauch, die Jungsche Animus-Anima-Theorie vor allem durch die Therapeuten. Dabei wird eine Theorie vereinfacht, manchmal verfälscht, aber in dieser Vereinfachung kommt oft eine Grundannahme schärfer zum Ausdruck als in der differenziert formulierten Theorie. Im analytischen Jargon ist die »Anima« zu etwas geworden, von der man meistens – außer es liege ein Fall von Anima-Besessenheit vor – mit Respekt, mit Ehrfurcht zu sprechen hat. Der Begriff »Animus« ist hingegen zu einer Möglichkeit geworden, die Leistung einer Frau abzuqualifizieren: »Sie hatte halt einen guten Animus«; damit meint man dann auch, daß sie dafür schon ganz viel Weibliches verloren hat. Beim Gebrauch des Wortes Animus schwingt leicht die Wertung »Das sollte nicht sein« mit. Mit der Bemerkung, daß eine Haltung, die eine Frau einnimmt, »animushaft« sei, kann man eine Frau, die sich in diesem Sprachspiel auskennt, zum Schweigen bringen, wenn sie nicht schon so viel Autonomie entwickelt hat, daß sie das Sprachspiel in Frage stellt, was dann natürlich auch wieder mit ihrem »Animus« zu tun hat. Das wirkt sich deshalb besonders fatal aus, weil gerade das Konzept des Animus der Frau die Möglichkeit gibt, auch männliche Eigenschaften zu leben, wie sie zu ihrem jeweiligen Menschsein gehören, dadurch aber autonomer zu werden.

Das ist ein Gesichtspunkt, der vor allem von Marie-Louise von Franz in die Diskussion geworfen wurde. Sie betont in ihren Schriften immer wieder den positiven Aspekt des Animus, ohne den negativen zu leugnen. Nach ihrer Sicht ». . . kann der Animus der Frau zu Mut, Unternehmungsgeist, Wahrhaftigkeit und in seiner höchsten Form zu geistiger Tiefe und Verinnerlichung führen; dies jedoch nur, wenn sie zuvor die Objektivität aufbringt, ihre eigenen ›heiligen‹ Überzeugungen in Frage zu stellen und die wegleitenden Winke ihrer Träume anzunehmen, auch dann, wenn sie ihren Überzeugungen widersprechen«[1].

Als negativer Animus wird oft das bezeichnet, was der Mann als seinen Schatten an der Frau sieht, was zugleich aber auch der Schatten des Patriarchats ist, oder es wird von einem negativen Animus gesprochen, wenn einem eine Forderung oder eine Feststellung, die eine Frau macht, nicht paßt. Von wirklich negativem Animus dürfte man wohl nur dort sprechen, wo durch ihn das Kräftespiel in einer Seele zum Erliegen gekommen ist und sich nur noch – unverbunden mit der Ganzpersönlichkeit, männlich fordernd oder destruktiv – eine einzige Stimme Gehör verschafft. Und dann müßte immer noch geklärt werden, ob das, was dem zugrunde liegt, »Animus« genannt werden kann.

Bei dieser Auseinandersetzung um Animus und Anima schwingt der Kampf der Geschlechter ungestört von Bewußtwerdungsprozessen mit; und dieser Kampf muß meines Erachtens mitschwingen, wenn die Dualität so sehr betont wird. Es scheint mir deshalb unerläßlich, den Anima- und den Animusbegriff, wie ihn Jung verstanden hat, neu zu diskutieren, durchaus im Sinne der Äußerungen von Marie-Louise von Franz, daß man den Mut aufbringen müsse, heilige Überzeugungen in Frage zu stellen. Theorien, die sich in der alltäglichen Praxis eingefahren haben, sind ja heilige Überzeugungen.

Zunächst möchte ich einige Definitionen anführen, die ich aus den unzähligen Umschreibungsversuchen, mit denen Jung Anima und Animus immer wieder zu erfassen versucht hat, ausgewählt habe.

Animus und Anima – Definitionen von C. G. Jung

»So sind Animus und Anima Bilder, welche archetypische Figuren darstellen, welche zwischen Bewußtsein und Unbewußtem vermitteln.«[2]

Animus	*Anima*
Yangprinzip	Yinprinzip[3]
expansiv	kontraktiv
aggressiv	empfangend
fordernd	erhaltend

Himmel	Erde
Sonne	Mond
Tag	Nacht
Sommer	Winter
Trockenheit	Feuchte
Wärme	Kühle
Oberfläche	Inneres

Zwischen beiden ist ein dynamisches Gleichgewicht anzustreben[4].

»Wenn ich es nun mit einem Wort bezeichnen soll, . . . was also den Animus gegenüber der Anima charakterisiert, so kann ich nur sagen: wie die Anima Launen, so bringt der Animus Meinungen hervor . . .«[5]

»Und wie die Anima des Mannes zunächst aus minderwertiger affektiver Bezogenheit besteht, so besteht der Animus der Frau aus minderwertigem Urteil oder besser: Meinungen.«[6]

». . . daß der Begriff der ›Anima‹ ein reiner Erfahrungsbegriff ist, der nicht mehr bezweckt, als einer Gruppe von verwandten oder analogen Erscheinungen einen Namen zu geben.«[7]

»Die Anima ist ja der Archetypus des Lebendigen schlechthin, jenseits von Sinn und Verantwortung.«[8]

»Die Anima symbolisiert die Beziehungsfunktion. Der Animus ist das Bild der geistigen Kräfte einer Frau, in einer männlichen Figur symbolisiert. Sind Mann oder Frau dieser inneren Kräfte nicht bewußt, dann erscheinen sie in der Projektion.«[9]

»Der Animus ist eine Art Niederschlag aller Erfahrungen der weiblichen Ahnen am Manne – und nicht nur das: er ist auch ein zeugendes, schöpferisches Wesen . . . er bringt etwas hervor, das man . . . ein zeugendes Wort nennen könnte. Wie der Mann sein Werk als ein ganzes Geschöpf aus seinem inneren Weiblichen hervorgehen läßt, so bringt das innere Männliche der Frau schöpferische Keime hervor, welche das Weibliche des Mannes zu befruchten vermögen.«[10]

Es fällt auf, daß der ältere Jung bei den Animus- und Anima-Definitionen nicht mehr das Pathologische in den Vordergrund stellt, sondern einfach die Lebensmöglichkeit, die in jeder menschlichen Besonderheit liegt.

Die letzte Definition ist eine Definition, die immer wieder in feministischer Literatur auftaucht als Beweis dafür, daß Jung mit seinem Konzept nur versucht habe, dem Manne eine noch mehr inspirierende Frau (femme inspiratrice) zuzuführen, und daß auch Jung der Frau das Schöpferische abspreche.

Man kann diese Definition zwar so verstehen; wenn man aber davon ausgeht, daß Mann und Frau Anima und Animus haben, dann erhält diese Definition einen ganz andern Sinn. Es ist auch zu bedenken, daß Jung um 1920 an diesen Konzepten gearbeitet hat und selbstverständlich vom damaligen Zeitgeist und dessen Grenzen mitgeprägt war. Nicht Jung gilt es Vorwürfe zu machen, sondern uns, wenn wir die Vorurteile seiner Zeit wieder übernehmen.

Was ist, ausgehend von diesen Definitionen, die ich durch weitere ergänze, das Gemeinsame an Anima und Animus?

– Sie sind Bilder archetypischer Figuren. Archetypisch heißt, daß in ihnen eine anthropologische Konstante menschlichen Erlebens und Verhaltens sich ausdrückt, dargestellt in verschiedenen Menschen zu verschiedenen Zeiten in vergleichbaren Bildern und einer vergleichbaren Emotion[11].

Ein konstellierter Archetyp, eine »lebendige Idee« bewirkt eine Entwicklung[12]. Als anthropologische Konstanten wirken sie aber bei jedem Menschen, bei Mann und Frau.

– Sie sind Vermittler zwischen Bewußtsein und Unbewußtem, aber auch Personifikation des Unbewußten[13]. Sie stellen Funktionen dar, die Inhalte des kollektiven Unbewußten ans Bewußtsein übermitteln. Die Inhalte, die übermittelt werden, können integriert werden, Animus und Anima selbst als Träger dieser Funktionen jedoch nicht[14].

Hier wird der dynamische, schöpferische Aspekt der Archetypen Anima und Animus beschrieben. Der dynamisch-schöpferische Aspekt ist aber kennzeichnend für jede archetypische Konstellation[15].

– Die Wirkung von Animus und Anima auf das Ich ist im Prinzip die gleiche (Jung erklärt es an irrationalen Launen und Meinungen):

· es ist schwierig, sie zu eliminieren,

· die Wirkung ist ungemein stark,

· die Ich-Persönlichkeit hat sofort das Gefühl von Berechtigung und Rechthaben,

· die Ursache ist projiziert in Objekte und objektive Verhältnisse[16]. (So wirken aber alle archetypischen Bilder, sagt Jung hier selber.)

– Animus und Anima haben eher einen positiven Gefühlswert (der Schatten eher einen negativen): »Anima und Animus . . . weisen schwerer zu definierende Gefühlsqualitäten auf. Sie werden nämlich meist als faszinos oder numinos empfunden. Öfters umgibt sie eine Atmosphäre von Empfindlichkeit, Unberührbarkeit, Geheimnis, peinlicher Intimität und sogar von Unbedingtheit.«[17] (So werden archetypische Bilder erlebt.)

– Wenn sie unbewußt sind, werden sie projiziert, finden sie sich in der Projektion vor.

Solange Jung das Gemeinsame an Anima und Animus beschreibt, beschreibt er im Grunde genommen immer wieder, daß sie archetypische Bilder sind mit der ihnen ganz speziellen Dynamik. Worin unterscheiden sich die beiden archetypischen Bilder?

Animus	**Anima**
– Projektion auf männliche Wesen	– Projektion auf weibliche Wesen
– Meinungen, minderwertiges Urteil (Logos)	– Launen, minderwertige affektive Bezogenheit, (Eros) in Beziehung stehen
– Bild der geistigen Kräfte einer Frau	– Archetyp des Lebendigen schlechthin, chaotischer Lebensdrang, Nichts-als-Leben
– zeugendes schöpferisches Wesen → zeugendes »Wort«	– symbolisiert die Beziehungsfunktion
– verleiht durch seine Integration dem weiblichen Bewußtsein Nachdenklichkeit, Überlegung und Erkenntnis	– verleiht durch ihre Integration dem männlichen Bewußtsein Beziehung und Bezogensein[18]

– eine Art Niederschlag aller Erfahrungen der weiblichen Ahnen am Mann:	– eine Art Niederschlag aller Erfahrungen der männlichen Ahnen an der Frau[19]
– Einfluß des Vaters – kollektives Bild des Mannes – kollektives Bild des Männlichen im Unbewußten – Image des Vaters, des Bruders, des Sohnes, des Geliebten, des himmlischen Gottes, des Hades	– Einfluß der Mutter – kollektives Bild der Frau – kollektives Bild des Weiblichen im Unbewußten[20] – Imago der Mutter, Schwester, Tochter, Geliebten, himmlischen Göttin, chthonischen Baubo . . . jede Mutter, jede Geliebte kann Trägerin all dieser Bilder werden[21]
– Geist, »Fenster in die Ewigkeit«, ». . . vermittelt . . . der Seele einen . . . göttlichen Einfluß und die Erkenntnis einer höheren Weltordnung, worin eben die ihm zugedachte Belebung der Seele besteht«[22] Diese höhere Weltordnung hat einen unpersönlichen Charakter: – Gesamtheit der überlieferten intellektuellen und ethischen Werte – Strukturen des Unbewußten und Dynamik	– »Mit dem Archetypus der Anima betreten wir das Reich der Götter . . . Alles, was die Anima berührt, wird numinos, das heißt unbedingt, gefährlich, tabuiert.«[23]
– kompensiert weibliches Bewußtsein: dieses als »Eros« (in Beziehung setzen) verstanden[24]	– kompensiert männliches Bewußtsein: dieses als »Logos« (unterscheiden, urteilen, erkennen) verstanden[25]

»... kann der Animus der Frau zu Mut, Unternehmungsgeist, Wahrhaftigkeit und in seiner höchsten Form zu geistiger Tiefe und Verinnerlichung führen; dies jedoch nur, wenn sie zuvor die Objektivität aufbringt, ihre eigenen ›heiligen‹ Überzeugungen in Frage zu stellen und die wegleitenden Winke ihrer Träume anzunehmen, auch dann, wenn sie ihren Überzeugungen widersprechen.«[26]
Auch der Animus äußert sich in Phantasien, Imaginationen usw.

»Wenn die Produkte der Anima (z. B. Träume, Phantasien, Visionen, Symptome, Zufälle, usw.) vom Bewußtsein angenommen, dirigiert und integriert worden sind, so kommt dies wiederum dem Wachstum und der Entwicklung der Seele zugute ...«[27]

Wo Jung den Animus als Geist beschreibt[28], formuliert er die traditionelle Anschauung, daß die Seele, die ja den Körper belebt und sich daher im Sinnlich-Emotionalen verliert, vom Geist aus ihrer »Verlorenheit« zurückgeholt werden muß. Hier wird sichtbar, wie entmenschlichend der Idealismus sein kann, wie sehr er sinnliches, emotionelles Leben als »Verlorenheit« wertet. Unter »Geist« versteht Jung dann traditionsgemäß einerseits den Prozeß der Selbstfindung der Menschheit, das lebendige Geschehen der Auseinandersetzung zwischen Mensch und Welt (Strukturen des Unbewußten und die Dynamik, die damit verbunden ist) und die Gesamtheit der daraus resultierenden intellektuellen und ethischen Werte, wie sie sich in Kunst, Religion, Ethik, Wissenschaft und Literatur niedergeschlagen haben und immer weiter niederschlagen. Den dritten Aspekt des Geistes, Gott als absoluten Geist, der sich im subjektiven und im objektiven Geist äußert (Hegel), deutet Jung an mit dem »Fenster in die Ewigkeit«.

Daß er die Strukturen des Unbewußten und die daraus resultierende Dynamik als Aspekt des Geistes sieht, sozusagen als Geist im Vollzug, ist hochinteressant; an anderer Stelle spricht er in diesem Zusammenhang auch von »bewußtseinstranszendentem spontanem Bewegungsprinzip«[29].

Damit definiert er Geist ähnlich wie Bateson, wenn dieser Geist als »das Wesentliche am Lebendigsein« bezeichnet[30]. Mit diesem Geist, in allen seinen Aspekten, setzt Jung nun das männliche Bewußtsein gleich, bei der Frau wäre er unbewußt. Hier muß einer der Hauptansätze der Kritik liegen: Was ist männliches und weibliches Bewußtsein, wenn diese Unterscheidung aufrechterhalten bleiben soll?

Ein weiteres Problem besteht darin, daß nach Jung bei der Frau nur das Erlebnis am Vater und am Väterlichen ein archetypisches Bild speist, das Erlebnis an der Mutter und am Mütterlichen aber bewußtseinsnäher sein soll. Jung kommt vermutlich darauf, weil er annimmt, daß der erste projektionsbildende Faktor beim Sohn die Mutter, bei der Tochter der Vater ist[31]. Hier liegt wohl ein grundsätzliches Mißverständnis, denn das weibliche Kind hat doch wohl – oder hatte bisher – ebenfalls die erste Beziehung zur Mutter und nicht zum Vater, besonders dürfte es zu den Zeiten noch so gewesen sein, in denen Jung dies niedergeschrieben hat. Projektionen sowohl auf die Mutter als auch auf den Vater sind möglich, da wir alle Imagines von Vater, Bruder, Sohn, Geliebtem, himmlischem Gott, chthonischem Gott und Imagines von Mutter, Schwester, Tochter, Geliebter, himmlischer Göttin und chthonischer Göttin in unserer Seele tragen.

Jung hat zu stark die Psychologie der Frau einfach als das Gegenteil der Psychologie des Mannes aufgefaßt, und so kann er denn auch das weibliche Bewußtsein mit Eros, das weibliche Unbewußte kompensatorisch dazu als Logos, das männliche Bewußtsein als Logos, das männliche Unbewußte kompensatorisch dazu als Eros bezeichnen.

Ich will nun die heilige Überzeugung, daß Frauen keine Anima, dafür einen Animus, daß Männer keinen Animus, dafür eine Anima »haben«, in Frage stellen, zumal ich das schon in diesem ganzen Buch nicht unterlassen konnte, und will dabei zugleich die »Winke des Unbewußten« (M.-L. v. Franz) ernst nehmen.

Wenden wir uns zunächst den Phänomenen zu: Es steht außer Frage, daß wir – seien wir nun Frau oder Mann – von weiblichen und männlichen Menschen angezogen werden und ihnen jeweils eine Bedeutung geben können, die nur noch als »numinos« zu bezeichnen ist. Wir verwickeln uns dann in

Beziehungen, lassen uns verführen und verführen selber; projizieren auf andere und erleben, wie auf uns projiziert wird. Bilder für die Anima finden sich in Träumen von Männern und von Frauen, in Phantasien und Projektionen, die immer mit Faszination und Sehnsucht verbunden sind: Gute Feen, Hexen, Huren, Heilige, Nymphen und kleine Mädchen, alle geheimnisvoll, unbekannt, entführen uns ins Reich der Phantasie.

Bei einer Frau würde man solche Bilder in der Terminologie C. G. Jungs bisher als »Schatten« (Schatten wird dabei verstanden als die Eigenschaften, die vom bewußten Ich abgelehnt werden, nicht als Aspekt der Persönlichkeit gesehen werden wollen, meistens das »Dunkle« der Persönlichkeit), allenfalls auch als »positiven Schatten« auffassen, und wenn sie sehr ergreifend sind, als Personifikation des Selbst. Das Selbst wird dabei verstanden als »Grund und Ursprung der individuellen Persönlichkeit«, das »letztere in Vergangenheit, Gegenwart und Zukunft umfaßt«[32].

Mir schiene es sinnvoller, sie auch bei einer Frau als Animafiguren zu bezeichnen und den Schatten wirklich als das zu nehmen, was wir nicht mit unserem Vorstellungsbild von uns selbst verbinden können; dem Selbst hingegen die ganz großen, abstrakten Symbole von wirklicher Ganzheit zu überlassen, die allein die Definition von Jung und das damit verbundene Geheimnis abdecken können.

Aber auch Bilder des Animus finden sich in Träumen, Phantasien, Projektionen und Geschichten beim Mann und bei der Frau: zwingende Patriarchen, geheimnisvolle Fremde, göttliche Jünglinge, faszinierende Denker, aufbrechende Propheten und blitzeschleudernde Gottheiten. Diese Figuren wären nach bisheriger Sicht für einen Mann auch Schattenfiguren oder Personifikationen des Selbst. Wäre es nicht richtiger, wenn sie denn wirklich numinos und mit einer großen Dynamik versehen sind, sie als Animusfiguren, auch in einem Mann, zu bezeichnen und auch bei ihm den Schatten dem wirklich Schattenhaften, das Selbst aber den ganz großen Symbolen zu überlassen?

Wir finden aber im Unbewußten auch Paare, die diese seltsam faszinierende Wirkung auf uns ausüben, uns in Beschlag nehmen und uns zwingen, uns mit ihnen zu beschäftigen: etwa eine mütterliche Frau mit einem faszinierenden jungen Knaben, einen geheimnisvollen Fremden mit einer geheimnisvollen Fremden, so daß wir die Ausdrücke »Götter« für sie brauchen; wir finden Liebespaare, Geschwisterpaare, Freundespaare. Auch diese Paare werden von Jung immer wieder beschrieben; seine Auseinandersetzung mit der Alchemie dreht sich um diese Paare, um das Mysterium Coniunctionis zwischen Sol und Luna etwa, nur, daß er eben eines der beiden immer mit dem Bewußtsein gleichsetzt.

Von den Phänomenen her scheint mir unbestreitbar, daß das, was wir mit Jung Animus und Anima nennen, als Bild bei beiden Geschlechtern vorkommt, bei beiden mit vergleichbaren Emotionen, bei beiden mit vergleichbaren Verhaltensweisen.

Jung selbst hat ja immer wieder darauf hingewiesen, daß Animus und Anima Archetypen sind. Meines Wissens spricht er nirgends von geschlechtsspezifischen Archetypen.

Auch von dieser Sicht her müßten Anima und Animus bei Mann und Frau vorkommen[33]. Dabei schiene mir wichtig, daß wir ernst nehmen, daß Animus und Anima Archetypen sind und wir diese Ausdrücke nur gebrauchen, wenn eine Qualität des Faszinierenden, Numinosen, Geheimnisvollen zum Ausdruck kommt, welche die schöpferische Phantasie anregt (oder auch die destruktive, wenn die schöpferische nicht aufgenommen wird), die Projektionen bewirkt und schicksalshaft ist.

Frauen können männliche Eigenschaften integriert haben, die überhaupt nichts mit dieser Qualität des Archetypischen mehr zu tun haben; das gleiche gilt für Männer mit dem Integrieren weiblicher Eigenschaften.

Das drückt sich auch in Träumen aus: Eine zweiunddreißigjährige Frau träumt, daß ein Mann ihres Alters, blond, in Jeans, die Arme hochgekrempelt, sich in die Hände spuckt und sagt: »Dann wollen wir doch einmal den Garten umgraben und säen.« Der Träumerin imponierte das Zupackende dieses Mannes (sie stand vor einer Philosophieprüfung), und wir faßten ihn auf als zupackende Seite von ihr, die ihr zur Verfügung steht. Als Animusfigur müßte er eine andere, tiefer reichende emotionelle Gestimmtheit mit sich bringen, wie sie in einem andern Traum der gleichen Frau zum Ausdruck kommt: »Ein blonder Mann, etwa mein Alter, steht am Meer.

Ich schaue ihn an. Er hat Augen, durch die ich ganz gebannt werde, durch die ich in die Tiefe des Wassers sehen kann. Er ist mir ganz nah und ganz fern, mich packt eine Sehnsucht nach ihm, obwohl er vor mir steht, aber irgendwie doch unerreichbar ist. Auf dem Meeresgrund sehe ich eine angekettete junge Frau. Ich will das nicht sehen, denke, es sei nur ein Traum und wache auf.«

Dieser blonde Mann hat für mich die Qualitäten des geheimnisvollen, faszinierenden, nicht wirklich greifbaren Mannes, der sie in Tiefen weist. In diesem Traum ist auch schon ein Paar dargestellt, eine Verbindung von Animus und Anima, wie ich es bezeichnen würde, wobei die Anima dringend befreit werden müßte – die Anima einer Frau!

Von den Phänomenen her können wir ohne weiteres Anima- und Animusfiguren bei Mann und Frau finden, und recht oft, wie mir scheint, gehören die beiden als Paar zusammen. Je mehr ich diesen Aspekt beachtet habe, um so mehr ist mir aufgefallen, wie oft im Unbewußten ein Paar vorkommt, das die Qualität Animus – Anima hat. Dies ging auch Kollegen so, die von meinen Ideen wußten. Allein schon von der Definition her, daß Anima und Animus Archetypen sind, müßten sie bei Mann und Frau gleichermaßen vorkommen.

Das Bewußtsein

Wie steht es aber mit der Aussage, daß der Animus weibliches Bewußtsein (Eros), die Anima jedoch männliches Bewußtsein (Logos) kompensiere? Wobei Jung das Prinzip des Eros als »ein in Beziehung setzen« verstanden haben will, Logos »als ein Unterscheiden«.

Diese These hat schon Jung selber, wie mir scheint, etwas Mühe gemacht: »Wenn nun Luna die weibliche Psyche so charakterisiert, wie Sol die männliche, so wäre das Bewußtsein als Sol eine nur männliche Angelegenheit, was offenbar nicht möglich ist, da die Frau ebenfalls Bewußtsein besitzt. Da wir nun im Bisherigen Sol mit Bewußtsein, Luna aber mit dem Unbewußten identifiziert haben, so würden wir hier zum Schluß gezwungen, daß die Frau kein Bewußtsein haben könne. Der Fehler unserer Formulierung liegt erstens darin, daß wir den Mond schlechthin für das Unbewußte gesetzt haben, während dies hauptsächlich für das Unbewußte des Mannes gilt, und zweitens haben wir dabei ganz übersehen, daß der Mond nicht nur dunkel, sondern ebenfalls ein Lichtspender ist, mit andern Worten, auch ein Bewußtsein darstellen kann. Letzteres nun ist bei der Frau der Fall: das weibliche Bewußtsein hat in einem gewissen Sinne eher Mond- als Sonnencharakter. Sein ›Licht‹ ist das mildere des Mondes, das eher verbindet als unterscheidet« (Mysterium coniunctionis. Das Buch erschien erstmals 1954)[34].

In seinem Buch »Ursprungsgeschichte des Bewußtseins« schreibt Erich Neumann: »Die Zuordnung von Bewußtsein – Licht – Tag und die von Unbewußtsein – Dunkel – Nacht gilt unabhängig vom Geschlecht . . . Das Ichbewußtsein als solches hat männlichen Charakter, auch bei der Frau . . .«[35] Hat das Ich-Bewußtsein einer Frau männlichen Charakter? Muß das Bewußtsein um jeden Preis männlich oder weiblich sein? Muß alles aufgeteilt, unterschieden werden? Gerade dieses Aufteilen und Verteilen scheint mehr und mehr das Problematische an diesem Konzept zu sein. Teilen wir hier nicht etwas auf, was gar nicht geteilt ist, das heißt: Schaffen wir nicht künstlich Konflikte? (Als ob wir das nötig hätten, bei all den wirklichen Konflikten.)

Kann Bewußtsein »männlich« oder »weiblich« sein, und was ist Bewußtsein überhaupt? Wir sprechen immer vom Bewußtsein, als wäre es eine uns allen bekannte Größe, dabei ist das Bewußtsein und die Tatsache, daß wir Bewußtsein haben, wohl eines der größten Wunder überhaupt.

Einige Umschreibungsversuche von Jung:

– Das Ich als »zentraler Bezugspunkt des Bewußtseins«[36].

– »Bewußtsein ist sogar gleichzusetzen mit der Beziehung zwischen dem Ich und den psychischen Inhalten.«[37]

– ». . . größtmöglicher Bewußtseinsumfang durch größtmögliche Selbsterkenntnis.«[38]

Anschließend spricht er von Meditation und deren Wirkung: Training des Bewußtseins, der Konzentrationsfähigkeit, Aufmerksamkeit, Klarheit der Vorstellung.

Es scheint mir wichtig zu sein, daß mit Bewußtseinsumfang nicht gemeint ist, daß man – so wie man in einem Sack viele Gegenstände sammelt – im Bewußtsein viele Inhalte habe. Der Bewußtseinsumfang drückt sich vielmehr durch den

Radius an Klarheit, durch den Grad an Wachheit aus und durch die Komplexität des möglich gewordenen Abrufens vieler Erinnerungen an Situationen, die wir real oder in der Phantasie bestanden haben; bei wachsendem Bewußtseinsumfang haben wir immer mehr Perspektiven, unter denen wir unser Leben, unter denen wir Probleme angehen können, aber auch immer größere Erlebnismöglichkeiten, weil wir neue Erlebnisse mit einem reichen Schatz an Erlebnissen verknüpfen können, wenn uns diese halbwegs bewußt waren. Bewußtseinsumfang ist also ein dynamischer Begriff im Sinne einer immer größeren Öffnung.

Grundsätzlich läßt sich Bewußtsein in drei Problemkreise aufteilen, wobei immer klar ist, daß letztlich nicht gewußt ist, was Bewußtsein ist, obwohl wir es natürlich erfahren:

Problemkreise Bewußtsein

bewußt – bewußtlos		**bewußt – unbewußt**
»Wachheit des Bewußtseins«		Was mitgeteilt werden kann.
»Ichfunktionen«: Empfinden, Wahrnehmen, Auffassen, Erinnern, Begriffssysteme, Denken; Orientierung in Raum, Zeit, eigener Person; Aufmerksamkeit	*allgemein menschliche Möglichkeiten*	Sich des Flusses des Bewußtseins bewußt werden. (Metaphern: Licht, Klarheit.)
(Die rechte und die linke Gehirnhemisphäre sind daran beteiligt. Aber die rechte bewirkt, daß wir bewußt unser Wahrnehmen wahrnehmen.)		(Wenn der Geist das Lebendige am Leben ist, dann schaut das Bewußtsein die Bewegungen des Geistes an. Im Bewußtsein käme er dann »zu sich«. → Gestalten.)

selbst-bewußt

Ich-Komplex / Selbstgefühl

Ichfunktionen reflektieren den Ich-Komplex

Bewußtsein von uns selbst (im Gegensatz dazu, wie andere uns sehen). »Identität«: formt sich immer weiter aus im Laufe des Lebens (Bewußtseinsumfang). Beziehung nach innen und nach außen.

Körperliche Empfindungen, Erfassen des Körpers. → Geschlechtsidentität.

Vorstellungen, die zur eigenen Person gehören. Aspekte, Verhaltensmöglichkeiten. (♀ und ♂)

Wenn schon Kompensation: → Animus und Anima.

Der Aspekt bewußt – bewußtlos kann bei Mann und Frau nicht verschieden sein. Dazu haben wir einschlägige Untersuchungen[39]. Auch ist eine männliche Bewußtlosigkeit wohl kaum zu unterscheiden von einer weiblichen.

Der Aspekt bewußt – unbewußt, die Fähigkeit, sich des Flusses des Bewußtseins bewußt zu sein, kann auch kaum verschieden sein bei Mann und Frau, ist sie doch eine vorzüglich menschliche Möglichkeit. Falls Frauen diese Fähigkeit weniger besäßen als Männer, was bewiesen werden müßte, dann wäre das wohl eher aus gesellschaftlich bedingten Gegebenheiten heraus zu verstehen, weil diese Fähigkeit für eine Frau als weniger wichtig gilt. Die Fähigkeit in sich, das Anschauen-Können des Bewußtseinsstroms, aber ist bei Mann und Frau nicht verschieden. Einen Hinweis darauf könnte man im gemeinsamen Rorschachversuch nach Jürg Willi[40] sehen. Er stellte fest, daß es keine typisch weiblichen oder typisch männlichen Deutungsversuche der Testfiguren gab. Wenn er aber den Test einer Frau und einem Mann gemeinsam gab, dann erlitt die Frau im allgemeinen eine Ich-Einschränkung, sie verlor den Überblick und wurde unproduktiv, der Mann steigerte sich jedoch im gemeinsamen Versuch auf mehr Überblick, Realitätsanpassung und Affektkontrolle hin.

Der dritte Aspekt ist der des Selbst-Bewußtseins. Dabei

muß man immer wieder unterscheiden zwischen der Möglichkeit, sich seiner selbst bewußt zu sein, was ein Aspekt des Problemkreises bewußt – unbewußt wäre, und dem Inhalt des Selbstbewußtseins. Nur der Inhalt des Selbstbewußtseins ist von Vorstellungen geprägt, die weiblich oder männlich sind. Unsere Geschlechtsidentität wird meistens mit dem biologischen Geschlecht übereinstimmen, aber angesichts der Tatsache, daß wir auch in unserem Organismus Männliches und Weibliches haben, sind Vorstellungen, die zu unserer Person gehören, immer von beiden Geschlechtern geprägt.

Das Bewußtsein als solches kann meines Erachtens nicht als männlich oder weiblich bezeichnet werden, Bewußtsein ist eine menschliche Fähigkeit. Der Inhalt unseres Selbstbewußtseins dagegen ist auch geschlechtsspezifisch geprägt. Wenn der Kompensationsgedanke überhaupt in der Form, in der Jung ihn gebracht hat, haltbar ist – daß unser geschlechtsspezifisch geprägtes Selbstbewußtsein jeweils von einem gegengeschlechtlichen Aspekt kompensiert wird –, dann könnte unser Selbstbewußtsein nach meiner Sicht nur von Anima und Animus als Paar innerhalb eines jeden Menschen kompensiert werden.

Bei der Überlegung, was Jung denn gemeint haben könnte, als er das Bewußtsein der Frau mit Eros, das des Mannes mit Logos gleichgesetzt hat, mit »in Beziehung setzen« und mit »unterscheiden, urteilen«, kam mir der Gedanke, daß Jung hier zwei grundsätzliche menschliche Möglichkeiten, die des »Einfühlens« und die des »Abgrenzens«, auf Frau und Mann verteilt haben könnte und darüber hinaus vielleicht das, was wir heute rechtshemisphärisches Denken und linkshemisphärisches Denken nennen, bereits vorausgeahnt hat[41].

Rechtshemisphärisches Denken	*Linkshemisphärisches Denken*
Subdominante Hemisphäre	Dominante Hemisphäre
(Kontrolle über linke Körperseite)	(Kontrolle über rechte Körperseite)
fast keine Verbindung zum Bewußtsein (Verbindung	Verbindung zum Bewußtsein

über corpus callosum zur linken Hemisphäre)	
fast nicht verbal	verbal
musikalisch	linguistische Beschreibung
Bild- und Musterempfinden	Ideen
Zusammenfassen nach visuellen Ähnlichkeiten	Zusammenfassen nach Begriffen
zeitliche Synthese (miteinander)	zeitliche Analyse (nacheinander)
ganzheitliches Bilddenken	Detailanalyse
geometrisch – räumlich	arithmetisch und computerhaft[42]

Rechte und linke Hemisphäre sind bei allen Menschen bei allen Bewußtseinsprozessen beteiligt. Es fällt aber auf, daß das, was wir das Unbewußte nennen, mit der Funktion der rechten Hemisphäre übereinstimmt, ja daß es in vielen Bereichen dem, was Jung »Anima« genannt hat, entspricht. Linkshemisphärisches Denken kann indessen nicht mit Animus gleichgesetzt werden, umfaßt zumindest wesentliche Aspekte davon nicht.

Wenn wir aber das Unbewußte bewußt machen wollen, dann, so scheint mir, versuchen wir in der Tat, die Fähigkeiten der rechten Hemisphäre zu nutzen, wobei man vielleicht sogar das Corpus Callosum mit der transzendenten Funktion von Jung in Zusammenhang bringen könnte, denn über dieses Corpus Callosum wird die rechte Hemisphäre der linken verbunden, werden Inhalte der rechten Hemisphäre bewußt.

Aber sogar dann, wenn Jung mit seinen Begriffen Anima und Animus dieses rechts- und linkshemisphärische Denken abgedeckt hätte, wäre seine Idee, den Animus den Frauen, die Anima den Männern vorzubehalten, nicht haltbar. Die dominante Hemisphäre bleibt auch bei den Frauen die linke Hemisphäre, und alle Menschen haben zwei Hemisphären.

Immer wieder wird Anima auch mit »Gefühl«, mit Emotionen in Beziehung gebracht. Das vor allem deshalb, weil, wenn das Bild des Weiblichen auf eine menschliche Frau übertragen wird, ein Sturm der Gefühle ausbricht. Emotionen sind aber bei allen unseren Wahrnehmungsprozessen beteiligt, unsere Emotionen modifizieren unsere Wahrnehmungen[43], deshalb leben wir immer eine persönliche Sicht, wir sind ihrer nur mehr oder weniger bewußt, und hierin haben vielleicht die Frauen sogar gelernt, etwas bewußter zu sein.

Wenn Anima und Animus aber Gestalten sind, die uns bei allen Menschen aus der Tiefe entgegentreten, die letztlich, wenn sie einander verbunden werden, uns ein Gefühl von Ganzheit geben – auch wenn wir es immer wieder verlieren für einen Weg zu einer neuen Ganzheit hin –, dann muß ihre Beziehung zueinander von ganz besonderer Wichtigkeit sein.

So wie Anima und Animus sich immer wieder in Beziehungen inkarnieren und von daher wohl die wichtigsten Archetypen sind, weil wir uns ständig mit Frauen und Männern befassen, so muß sich auch die Verbindung von Anima und Animus in den Beziehungen zeigen. Nicht aber so, daß einer einfach den Anima-Part, der andere Mensch den Animus-Part übernimmt, sondern daß eine ganze Paarkonstellation in der Psyche eines jeden erlebbar wird. Der schöpferische Akt des Zeugens und Gebärens, der in diesen Phantasien ist, schöpft eine Beziehungswelt, gleichzeitig aber auch eine neue Innenwelt, wir wachsen über uns hinaus, können Gewordenes transzendieren.

Wichtiger, als daß wir wieder versuchen zu diagnostizieren, was Anima und was Animus ist oder was das Paar Anima-Animus darüber hinaus sein kann, scheint mir, uns diesen Bildern der Tiefe, wie immer sie sich konstellieren, zu überlassen, sie in einer lebendigen Beziehung, in der Phantasie, zu gestalten und dadurch die Tiefe dem gelebten Leben zu verbinden. Das können wir natürlich nur, wenn wir Hingabe an diese Bilder zulassen, wenn wir uns von ihnen ergreifen und das, was sie bewirken, geschehen lassen können. Animus und Anima in einer Paarkonstellation zu sehen hätte therapeutisch den Vorteil, daß wir, wenn wir einer Einseitigkeit begegnen, unter der die Analysandin leidet, nicht vorwurfsvoll davon reden müßten, daß sie jetzt wieder »im Animus« sei – Vorwürfe sind therapeutisch nicht wirksam –, sondern daß wir uns fragten, welche weibliche Figur denn zu so einer männlichen

Figur kommen müßte, damit sie sich wohler, ausgeglichener, zufriedener fühlen könnte. Und dann könnte das Lebensgefühl, das mit dieser Anima-Figur verbunden ist, imaginiert und dadurch auch erfahren werden.

Die Verbindung von Animus und Anima – intrapsychisch oder in einer Beziehungsphantasie, in der die beiden sich treffen – wird immer ein Lebensgefühl des geistig-seelischen Inspiriertseins, oft auch der Liebe mit sich bringen.

Anmerkungen

1 Franz, M.-L. von, Der Individuationsprozeß, in: Der Mensch und seine Symbole, Olten 1968, S. 195
2 Jung, C. G., Briefe, Band III, 1956–1961, Gesammelte Werke, Olten 1973, S. 70
3 Jung, C. G., Das Geheimnis der Goldenen Blüte (mit R. Wilhelm), Gesammelte Werke Bd. 13, 1929. Zitiert nach der Ausgabe Olten, 1971, S. 33
4 Yin und Yang stehen in Zusammenhang mit diesen Bildern. Vgl. Porkert, M., The Theoretical Foundations of Chinese Medicine, Cambridge, Mass. 1974
5 Jung, C. G., Die Beziehungen zwischen dem Ich und dem Unbewußten, GW 7, 1928. Zitiert nach der Studienausgabe, Olten 1971, S. 101
6 Jung, C. G., Das Geheimnis der Goldenen Blüte, a.a.O., S. 36
7 Jung, C. G., Die Archetypen und das kollektive Unbewußte, GW 9/I, Olten 1934–1954, S. 71
8 Jung, C. G., Mysterium coniunctionis II, GW 14/II, 1956. Neuauflage Olten 1983, S. 218
9 Jung, C. G., Briefe III, a.a.o., S. 139
10 Jung, C. G., Die Beziehungen . . ., a.a.O., S. 103f.
11 Jung, C. G., Verschiedene Schriften, GW 18/I, S. 278
12 Jung, C. G., Mysterium coniunctionis II, a.a.O., S. 9 und S. 300
13 Jung, C. G., Aion, GW 9/II, Olten 1951, S. 25
14 Jung, C. G., Aion, a.a.O., S. 28
15 Jung, C. G., Mysterium coniunctionis II, S. 9
16 Jung, C. G., Aion, a.a.O., S. 25
17 Jung, C. G., Aion, a.a.O., S. 37
18 Jung, C. G., Aion, a.a.O., S. 25
19 Jung, C. G., Das Geheimnis der Goldenen Blüte, a.a.O., S. 34
20 Jung, C. G., Die Beziehungen zwischen dem Ich und dem Unbewußten, a.a.O., S. 81ff.
21 Jung, C. G., Aion, a.a.O., S. 21
22 Jung, C. G., Mysterium coniunctionis, a.a.O., S. 244
23 Jung, C. G., Die Archetypen und das kollektive Unbewußte, a.a.O., S. 37
24 Jung, C. G., Mysterium coniunctionis I, GW 14/I, Olten 1955. Neuauflage 1983, S. 196

25 Jung, C. G., Mysterium coniunctionis I, a.a.O., S. 196
26 Franz, M.-L. von, in: Der Mensch und seine Symbole, a.a.O., S. 195
27 Jung, C. G., Mysterium coniunctionis II, a.a.O., S. 57
28 Jung, C. G., Mysterium coniunctionis II, a.a.O., S. 244
29 Jung, C. G., Bewußtes und Unbewußtes, Fischer TB 1957, S. 98
30 Bateson, zitiert nach Capra, F., Wendezeit, München 1983, S. 322
31 Jung, C. G., Aion, a.a.O., S. 23
32 Jung, C. G., Mysterium coniunctionis II, a.a.O., S. 313
33 Hillmann, J., Anima, in: GORGO, 5/1981, Stuttgart
34 Jung, C. G., Mysterium coniunctionis I, a.a.O., S. 195f.
35 Neumann, E., Ursprungsgeschichte des Bewußtseins (Erstausgabe 1949), TB 2042 »Geist und Psyche«, 1968, S. 45
36 Jung, C. G., Mysterium coniunctionis I, a.a.O., S. 120
37 ebenda
38 ebenda, S. 233
39 Eccles, J. C., in: Popper, K. R. u. Eccles, J. C., Das Ich und sein Gehirn, München 1982, S. 377f.
40 Willi, J., Die Therapie der Zweierbeziehung, Hamburg 1978, S. 20f.
41 Popper, K. R. und Eccles, J. C., Das Ich und sein Gehirn, a.a.O.
42 ebenda. Auszug leicht verändert.
43 ebenda, S. 334